VUES CONTEMPORAINES

DE

SOCIOLOGIE

ET

DE MORALE SOCIALE

PAR

HENRY LAGRÉSILLE

PARIS

V. GIARD & E. BRIÈRE

LIBRAIRES-ÉDITEURS

16, rue Soufflot, 16

—

1899

VUES CONTEMPORAINES

DE

SOCIOLOGIE

ET

DE MORALE SOCIALE

AVANT-PROPOS

CONCEPTION ONTOLOGIQUE, QUI DOIT SERVIR DE CLE F
A CET OUVRAGE

En publiant ces vues de sociologie et de morale sociale, nous nous sommes proposé surtout d'émettre nos idées sur les fondements de la sociologie, fondements qui, métaphysiques, psychologiques, moraux, trouvent un principe dans la métaphysique, comme un principe dans la psychologie, comme un principe dans la morale; en second lieu, notre but à été d'esquisser sommairement une sociologie d'ensemble avec son unité, mais en indiquant les cadres et les problèmes, plutôt qu'en y faisant entrer toutes les contributions, qui y prendront place quand elle aura pris la forme d'une science classique; dans ces cadres enfin, nous avons introduit diverses vues, qui nous sont en partie personnelles, sur les questions sociales contemporaines.

Mais, la théorie que vous me permettrez de vous signaler comme originale, sur laquelle, dominant les autres, doit se porter davantage dans ce livre l'attention du lecteur philosophe, est une théorie des idées qui y sert de base à la notion même de société, celle des idées vivantes, — je dis bien en propre terme des idées qui existent vivantes.

Platon, on ne l'ignore pas, avait vu dans les idées les types éternels des choses ; pour lui, différentes des notions, les idées existaient en elles-mêmes, mais comment ?

C'est là une des plus graves questions de la philosophie idéaliste.

Or, le développement, tout à fait nouveau, que nous donnons à la théorie platonicienne des idées, dans nos différents écrits, trouve en sociologie, comme on le verra, une large application : en même temps qu'il est une solution du problème philosophique essentiel, il relie la forme sociale de vie à toutes les autres formes naturelles de vie.

Voici, pour ce motif, une rapide démonstration préliminaire de l'existence des idées en tant qu'êtres vivants. D'abord, remarquez cet axiome : ce qui n'existe pas pour soi, ne peut pas exister en soi ; car alors, *n'étant plus que pour un autre*, il se ramène à être une propriété, ou un attribut, ou une manifestation de l'autre, qui est pour soi et qui est en soi (1). De ceci il résulte que, ni l'idée-notion, ni la matière n'existent en soi, qu'elles doivent exister en d'autres, non

---

(1) Toutefois, il n'y a peut-être que l'Etre, que Dieu seul, qui existe *complètement en soi*, comme certainement il n'y a que Dieu qui existe *absolument par soi*. Si les êtres, les esprits, existent plus ou moins en soi, à proprement parler nulles choses (matérielles) n'existent en soi ; ainsi comprises, les *choses en soi* ne sont pas.

moins que pour d'autres, ces autres étant sans alternative des esprits ou l'esprit.

Maintenant, posons-nous une seconde question : Peut-on tirer d'une chose une propriété qui ne soit pas contenue dans cette chose, qui ne soit pas, en puissance, constitutive de cette chose ? — Logiquement non, c'est impossible ! — Eh bien, une personne ne saurait non plus tirer l'idée, de la chose qu'elle est, de son être, si l'idée n'était pas constitutive de son moi, de sa chose, de son esprit, si, *à la notion-idée tirée d'elle ne répondait pas une existence-idée*. Comme d'ailleurs émettre l'idée est la propriété la plus élevée du vivant, et que l'acte conscient même dérive de cette propriété, il est permis d'identifier l'âme, l'esprit pensant, à une idée vivante, dont la pensée est dès lors la manifestation normale, le reflet naturel.

Après avoir été initiés à cette conception, conception quelque peu étrangère à notre habitude intellectuelle moderne, vous ne vous étonnerez point que l'idée mène toute société, la société humaine aussi bien que la société universelle du monde, c'est que tous les esprits d'une société se ramènent ainsi à des idées vivantes.

VUES CONTEMPORAINES DE SOCIOLOGIE

ET

DE MORALE SOCIALE

CHAPITRE PREMIER

DES FONDEMENTS DE LA SOCIOLOGIE

I. Les problèmes sociologiques. Aspects, définitions et divisions de la sociologie générale.

La science morale est double ; elle peut être comprise en effet, soit en tant que connaissance des fondements de la morale, en tant que raison morale, soit différemment en tant qu'impération des préceptes moraux, en tant que loi morale impérative. Or, double aussi est la science qui a pour objet l'étude comme le devenir des sociétés, et qui n'est pas moins science des mœurs, que la pure morale, que l'éthique.

Telle que la science morale, la science des sociétés se présente sous deux aspects différents : sous l'aspect de *science de ce qui est*, de ce qui est nécessairement le fondement causal de toutes sociétés, méritant le nom de science sociologique, et, ensuite, sous l'aspect de *science de ce qui doit être,* de ce qui doit être fait pour assurer le mieux possible le fonctionnement social, de ce qui est la condition du bien et de ce qui est le devoir, méritant alors davantage le nom de science sociale.

Connaître, prévoir, agir utilement, sont les trois fins de la science. Il s'ensuit que la science des sociétés se constituera d'abord, désintéressée, par une sorte de biologie sociale, par une sorte de *sociobiologie,* pour trouver en second lieu, intéressée, son utilisation dans une sorte de médecine sociale, tirant de l'idée, l'acte, lequel est l'application et la suite de l'idée.

Autres seront donc les conditions qui permettront la science sociologique, qui fonderont la sociologie, autres les conditions qui devront permettre la vie sociale, qui seront les principes de l'art de vivre en société et d'améliorer la société, encore que, ces conditions, pour être distinctes, néanmoins s'enchaînent, et que les secondes aient à rechercher leurs axiomes rationnels dans les premières, si, la vraie condition pour bien agir et pour bien prescrire est de savoir, chose non douteuse.

Se demander quelles sont les règles fondamentales de la sociologie, constituera le premier problème général de cette science ; des faits, la raison aura à dégager les lois de société ; puisque la société humaine est une existence raisonnable, morale, et qui poursuit des fins, c'est comme une bio-psychologie à la fois rationnelle, téléologique et morale que la sociologie se découvrira des lois.

Ces lois conditionnelles connues, le second problème sera la meilleure application possible de ces conditions nécessaires de l'action sociale ; s'il appartient au génie humain de parfaire de lui-même la vie de l'homme, la satisfaction pratique et actuelle des justes aspirations sociales pourra être obtenue grâce à des moyens appropriés par la volonté et l'initiative communes.

La volonté n'entreprend l'action qu'avec des instruments qu'elle connaît ; la volonté sociale aura des instruments de travail en étant initiée aux lois suivant lesquelles l'action est productive, à des lois abstraites, approchées de l'action réelle ; jamais l'esprit de l'homme ne saurait en posséder d'adéquates à une réalité trop profonde ; mais qu'importe ! N'est-ce pas quand des lois abstraites de la mécanique se sont trouvées bien discutées et bien identifiées avec les faits, n'est-ce pas seulement alors, qu'on a pu vouloir se servir des lois naturelles pour construire des machines complexes et délicates, lesquelles n'ont pas marché sans l'observation des principes ? — N'est-ce pas toujours par le secours de théories abstraites, de lois théoriques, que les sciences exactes ont pu aborder les questions concrètes et poser les expérimentations successives les plus fécondes ? Laissons donc dire les empiristes qui critiquent les abstractions, et qui s'en servent néanmoins.

D'une part, la connaissance abstraite étant distinguée de l'action concrète, *les conditions nécessaires de la science sociologique* sont la connaissance de raisons, de lois rationnelles et idéales non moins que naturelles, qui président aux sociétés, et, pour cette science naissante le progrès consiste dans un progrès d'idées générales abstraites qui soient adéquates à son sujet ; d'autre part, l'action concrète étant distinguée de la connaissance, *les conditions contingentes de la vie sociale* dépendent de volontés éclairées qui réalisent par leur travail le progrès de leur sphère, elles dépendent d'efforts sociaux constants, qui soient orientés pareillement par les principes vitaux d'une raison, générale et actuelle, du monde.

⁎

Produire des vues totales parfaitement cohérentes sur une science aussi complexe que vaste, qui loin d'être faite, en est encore à chercher ses prémisses, est une chose si difficile qu'elle demande à être plusieurs fois refaite, qu'en la projetant nous ne prétendons qu'à l'ébaucher ; c'est encore une tâche fort suffisante, croyons-nous, d'apporter des vues quelconques qui en préparent l'unité véritable, et c'est là ce que nous nous proposons de faire en publiant cet essai.

A l'heure qu'il est, on a déjà produit une foule d'idées qui sont du ressort de la sociologie, soit comme théories philosophiques des sociétés, soit comme solutions sociales, soit comme essais économiques et politiques, soit enfin comme morales. Or, — si intéressants que soient ces travaux, — parce qu'ils n'embrassent chacun qu'une question ou qu'un point de vue, ils constituent bien plus des contributions préliminaires que des traités, spécifiques et homogènes, qui représentent la sociologie une.

Quel est en effet celui de ces volumineux ouvrages où la sociologie se dégage avec l'unité synthétique qui doit caractériser une science même élémentaire ? — La sociologie générale et complète doit comporter des principes qui dominent solidairement tous ses problèmes, des principes auxquels se rattachent toutes les questions sociologiques, comme les branches au tronc de l'arbre.

D'abord, il importe de définir, sans périphrases, la

sociologie, et de la définir une et multiple, avec ses grandes divisions qui sont des sciences sociales, pourtant dont aucune isolément n'est *la sociologie*.

Dans son ensemble, on peut dire simplement que la sociologie est *la science des sociétés*, la science qui étudie, qui explique et qui raisonne des sociétés, surtout des sociétés humaines ; les sociétés se composant d'êtres sociables qui entrent en relations, on est conduit à dire aussi bien qu'elle est *la science des relations entre les êtres sociables*, et principalement entre les hommes.

A toutes les questions, en apparence si hétérogènes, qui intéressent la vie sociale et qui ont un rôle à jouer dans la société, s'étend cette science humanitaire, qui veut connaître et prévoir. C'est une philosophie limitée qui rentre dans la philosophie illimitée, dans la philosophie des choses éternelles ; ainsi la biologie terrestre rentre dans l'ontologie qui est la biologie universelle ; c'est la pensée se restreignant au domaine de l'homme en société, au domaine du changement humain, au cours changeant de l'homme, c'est la pensée réfléchissant aux activités des hommes. Par suite, il convient de lui donner le nom de *philosophie des activités sociales*, et il convient d'affirmer qu'elle a à traiter de toutes les branches des activités sociales au point de vue des relations entre les hommes, aux points de vue des rapports civilisés, qui s'appellent des associations, des échanges, des conventions, des travaux, etc. — *Science des causes sociales*, elle possède un pouvoir directeur des idées, et encore, *Science des fins sociales*, elle se donne un pouvoir directeur des actes et des choses.

Si toutes les sciences, on le comprend, doivent avoir

quelques liens avec une telle philosophie, avec la philosophie technique et utilitaire qui se trouve être en somme la sociologie générale (1), il faut faire des distinctions, il en est cependant qui s'incorporent à elle de façon plus directe et plus intime, de telle façon qu'elles lui donnent son caractère, sa méthode ; la biologie, la psychologie, la morale, sont ces sciences, toutes trois fortement cimentées en sociologie par une raison pratique, qui est tantôt plus intéressée, plus particulière, tantôt moins particulière, plus morale. C'est pourquoi (nous l'avions déjà appelée ainsi précédemment), la sociologie est *une biopsychologie rationnelle, téléologique et morale ; biopsychologie de l'humanité*, c'est peut-être la définition la plus scientifique qu'on puisse donner en deux mots de la sociologie.

Le qualificatif — téléologique — ici s'entend de fins toutes pratiques et humaines ; sur la terre, en effet, bien plus immédiat que dans le ciel, la sociologie a son idéal.

Telle que ces définitions voisines et variées viennent de la poser, la science sociologique intégrale et générale comprend et enveloppe des sciences particulières qu'elle subordonne ou qu'elle encadre, ce sont les sciences sociales, ses spécialisations, et ses applications à la vie sociale.

Sans vouloir les énumérer et les classer définitivement, on peut citer les douze suivantes : la sociologie pure (spécialisation dans l'idée générale), la psychologie

(1) Dans l'année sociologique, 1896-97, premier numéro paru, M. Bouglé fait place à trois points de vue principaux dans la sociologie générale : la sociologie philosophique, la sociologie biologique, la sociologie psychologique ou spécifique.

sociale, la morale sociale, le droit, l'économique, la politique, la linguistique, l'histoire sociale, la comptabilité, la statistique, la génétique, la physique ou la dynamique sociale (science des formes de propagation), et même en plus, une esthétique sociale et une science des projets sociaux, soit une idéologie sociale ; enfin, si l'on en croit un philosophe classificateur, M. Goblot, la logique ne serait autre qu'une science sociale (1).

Avec ces trois dernières, cela fait jusqu'à quinze sciences particulières, qui, sinon annexées à la sociologie, sont au moins sous son protectorat, comme dans le même sens figuré, toutes les sciences en sont des alliées.

S'il n'est guère de science qui n'ait son territoire d'exploration, je veux dire sa région hypothétique, plus qu'une quelconque la science sociale a la sienne, puisqu'elle réalise elle-même l'idéal conçu en cherchant à le faire devenir dans le transformisme de la société ; or, cela justifie le cadre de l'idéologie sociale, une quantité de solutions sociales, proposées telles que des hypothèses possibles, ou telles que des suites probables, ou qui sont à l'état de désirs, de tendances et d'espérances, devant aussitôt trouver leur place en ce cadre.

La division qui renfermera la méthode et les principes les plus généraux, la sociologie pure, pour cette raison, est-il besoin de le dire, devra être le centre de toutes ces sciences spéciales, devra être le nœud qui les unit en une seule.

---

(1) Autre classification, qui est employée par la revue : « l'Année sociologique » 1° la sociologie générale, 2° la sociologie religieuse, 3° la sociologie morale et juridique, 4° la sociologie criminelle, 5° la sociologie économique, 6° des sciences ou des problèmes mixtes, anthropo-sociologie, socio-géographie, etc.

En se déterminant de mieux en mieux, elle émettra ses chaînes de déduction, ainsi que des supports de plus en plus solides, vers chacune des autres qui l'entoureront ; à elle il appartiendra de condenser les principes rationnels débarrassés de toutes les idées particulières, de formuler les lois données par des faits sociologiques, les lois causales qui ne seront pas que des effets résultants, les lois de ce qui a été comme celles de ce qui pourra être, s'il est voulu. De là, on peut augurer qu'elle aura une influence heureuse, une influence unifiante, prévoyante et formatrice.

Prépondérante, elle jouera vis-à-vis des sciences sociales particulières, vis-à-vis de la science intégrante, le rôle que joue une métaphysique vis-à-vis de la philosophie. Ces prolégomènes, ces définitions et cette classification que nous donnons présentement sont eux-mêmes du ressort de la sociologie pure.

Beaucoup de divisions ne sont point des sciences nouvelles ; le droit, l'économique, la politique par exemple, sont des sciences nettement formées, de vieille mémoire, qui ne doivent que se dépouiller de leur empirisme en remontant aux principes de la raison et de la morale par l'intermédiaire d'une sociologie pure préliminaire. Fort étendue, la science du droit peut se diviser en droit national et en droit international ; elle comprend le droit administratif, le droit industriel et commercial, le droit civil, le droit pénal ; par le droit constitutionnel, par le droit international et par le droit de la guerre elle s'unit et se mêle à la science de la politique.

La science de l'économie détermine en notable partie, et la politique intérieure, et la politique extérieure, elle oriente la science contributive ou la science des perceptions, qui peut passer pour en être une branche, elle s'appuie sur la comptabilité générale et sur la statistique sociale ; de toutes les sciences sociales c'est une des plus objectives.

Dans le cours de ce modeste traité, nous passerons de l'idée générale de société, qui appartient à la sociologie pure, à des idées particulières qui seront du domaine de ces diverses sciences sociales, et à des vues personnelles, plus discutables que des notions scientifiques, et cela, sans nous astreindre à prendre à part chaque science, ni à lui donner une place mesurée.

II. Vie sociale, notion de société.

A peu près comme les lois de la physique sont les principes qui règlent l'activité des éléments et qui expriment les relations des corps en changement et en opposition, mais exprimant une vie d'ordre bien plus élevé et en pénétrant les sujets, les lois proprement dites de la sociologie sont les principes actifs, qui tantôt dominent, tantôt assurent la vie de la société, elles expriment les relations vitales des sociétés humaines.

Quant aux principes qui se bornent à fonder la dialectique sociologique, qu'on ne peut reconnaître que dans une méthode employée avec fruit, ils sont seulement les règles méthodiques de cette science pour se faire ; n'étant pas des notions, ou des pierres qui la constituent, n'étant que des procédés pour placer ces pierres ou ces notions, ils sont des règles pour découvrir scientifiquement les lois réelles et actives de la vie sociale, ce qui est la substance de la sociologie, en procédant avec ordre et en s'enfermant dans les sujets qui lui sont propres.

Rien n'est plus à la mode que ces thèses de revue dans lesquelles on ratiocine sur des méthodes à entreprendre, qu'on n'applique pas et qu'on n'a jamais appliquées ; mais c'est véritablement sur le travail qu'on voit la méthode, ce n'est pas avant le travail.

De la conception de la vie universelle, il faut passer à la conception de la société qui s'y rattache comme une forme de vie.

La vie sociale est une vie résultante, qui embrasse avec distinction et avec conscience les vies de ses unités : les vies des individus, les vies des familles et les vies des races, elle est une vie commune, qui relie les existences des associations et celles des institutions dans l'existence d'un même Etat.

La société humaine qui se conçoit la plus étendue et la moins consistante, est formée par tous les êtres humains ; cette humanité, dont l'existence n'est pas indépendante de la nature — car la nature enveloppe, entretient et influence tous les individus et toutes les races — se composant du groupement de tous les Etats, de toutes les nations, se pose comme la limite extensive de la société terrestre et de l'homme.

Dans le temps et dans l'espace, l'histoire nous offre, tant bien que mal, le développement continu de la vie sociale sur notre planète : elle nous montre, en tableaux saisissants, le groupement naturel en tribus des individus et des familles, la fusion des tribus en peuples de plus en plus grands et de plus en plus homogènes ; à travers les vicissitudes complexes des races antagonistes qui se disputent la prépondérance, elle laisse entrevoir une évolution unique de toute l'humanité.

Il faut que nous analysions la vie sociale, et pour cela il est nécessaire d'abord de nous faire une notion exacte de la société *en tant qu'existence spécifique qui a sa manière d'être.*

Ce n'est pas au même degré que l'individu, ou que l'animal, qu'une société existe : l'individu est une unité vivante qui existe pour elle-même et en elle-même, une idée qui vit, tandis que la société est une pluralité vivante qui n'existe vraiment qu'en ses individus, que par eux, et qui, si elle subsiste, n'existe que pour les individus, non en dehors d'eux ; la société est une mise en commun d'un peu de chaque existence individuelle, chacune s'aliénant un peu pour elle.

Au lieu que l'individu, unité vivante, est pour la durée de la vie un fonctionnisme interne presque absolu, la société est un fonctionnisme externe et artificiel qui résulte d'une participation sensible. Quoiqu'une société ne soit point une machine, elle ressemble plutôt à une machine, qui existe pour des individus, qu'à un animal qui existe autant et plus pour lui-même que pour ses cellules ; les cellules d'ailleurs pourraient former une société sans que l'animal existe encore, et il n'existerait que, si une sorte de cellule d'un autre ordre enveloppait intimement toutes les autres ; ce qui est justement le fait de l'âme.

Quelle condition devrait être remplie pour que la société existe pour ainsi dire en soi comme une unité vivante ? ; c'est ce que nous pouvons essayer de faire comprendre avec plus de rigueur, si l'on veut bien nous suivre dans la métaphysique.

Notre monadisme (1), qui repose sur l'enveloppement des monades d'ordres différents, les unes inférieures se trouvant enveloppées par les autres supérieures, nous permet de supposer remplie cette condition qui ferait d'une société un grand individu composé, non moins réel que les individus subordonnés. Le type d'un fonctionnisme absolu, ce n'est pas encore l'animal tel que nous le connaissons, l'animal sensible, c'est un esprit, c'est une âme intellective, qui, suivant nous, se compose, premièrement d'une monade dominante, et secondement, de monades subordonnées en elle, en son espace interne, qui se compose en somme de *l'unité multiple* dont la multiplicité et l'unité coexistent absolument.

Or, les monades subordonnées sont renfermées dans une monade, dans une âme, c'est-à-dire dans un continu, qui les pénètre comme il les entoure, et qui établit une communication persistante, exclusive, entre l'âme et elles-mêmes. L'âme, dans la combinaison interne de laquelle entrent des monades d'ordre différent, d'ordre inférieur, constitue avec celles-ci une unité vivante d'une cohésion aussi complète que possible. Seule, la monade dominante serait une unité dépouillée de relation interne; seules sans la dominante, les monades de second ordre seraient des parties incapables de former un tout réel, ce tout devant être réalisé par un continu, par un âme intégrante.

(1) On appelle monades en général, les êtres simples qui sont les unités spirituelles indivisibles et qui sont les forces absolues, formant tous les êtres composés et tous les vivants par leurs rapports.

Si donc l'on supprimait la monade dominante sans supprimer les monades en sous-ordre, celles-ci demeureraient dans l'espace primitif qui est le continu universel, elles demeureraient dans l'espace rien qu'en relations de mouvement ; alors les liaisons du mouvement, intermittentes par rapport aux liaisons psychiques permanentes qui existaient par hypothèse auparavant, ne formeraient plus de leur totalité qu'un système extérieur qui équivaudrait à une société où les monades seraient les individus, où l'unité sociale ne serait plus un être, mais seulement une relation d'êtres.

Que l'on pousse aussi loin l'idée du milieu en ce qui concerne l'humanité, on devra considérer pourtant que tous les individus de l'humanité sont renfermés dans la nature stellaire, qu'ils sont donc dans une substance, dans une âme ou dans une monade, dans celle qui correspond à notre continu stellaire ; mais cette monade si dominante, cette âme transcendante, ne représente pas que l'être de la société humaine, elle représente bien autre chose : l'être de la société qu'on peut appeler au moins la nature solaire.

Pour qu'elle fût la société en personne, l'être latent invisible de l'humanité, dont les individus composeraient le corps et les états, il faudrait qu'elle n'embrassât que les êtres humains et que les éléments qui entrent dans les corps humains, que ce soit là sa fonction unique ; or cette nature stellaire embrasse simultanément une multitude de natures, une infinité de sociétés et de monades, qui ne sont ni du même ordre de grandeur, ni du même ordre de valeur, ni en relations directes ; par toutes les unités physiques et métaphysiques qui remplissent le milieu terrestre et supraterrestre lequel est le milieu de l'homme, la société humaine se trouve influencée, soit directement, soit indirectement, et cela grâce à la communication que le fond continu, le véritable milieu, rend possible.

Les hommes étant reliés entre eux par ce milieu fondamental, la société humaine n'existe que comme une relation qui est établie par celui-ci entre les individus et toutes les choses ambiantes du monde sensible. Aucune âme intégrante particulière ne correspond à l'humanité pour en faire une personne réelle, aucunes âmes ne réalisent les personnalités réelles des sociétés humaines qui correspondent aux nations ; humanité et sociétés humaines ne sont dès lors que des relations, existant comme telles, ne sont que des ordres compris dans la nature, que des systèmes artificiels d'individus liés par des rapports tout extérieurs, liés par les harmonies propres à une nature particulière, à la nature organisée de la surface terrestre.

Il n'était pas inutile d'insister sur la différence qu'il y a entre l'existence phénoménale et l'existence nouménale, à une époque de singulière idolâtrie philosophique, où on les confond et où on les intervertit de la façon la plus absurde, faisant, au contraire de la raison, *de l'âme une relation ou une fonction de choses, au lieu de faire des choses, des relations ou des fonctions d'âmes.*

La société humaine n'a pas, en tant que tout, une existence « nouménale », une existence intérieure de personne ; elle n'a — en tant que tout — que l'existence phénoménale, que l'existence apparente d'une chose qui est à la façon d'une relation, par exemple, à quelque prés, l'existence de la plante, de l'arbre.

Pour n'avoir pas la cohésion d'une âme, d'une âme qui, en admettant une composition interne, est strictement une, la cohésion de la société d'hommes n'en a pas moins une certaine réalité comme toutes les cohésions de choses ; la solidarité sociale, laquelle est cette sorte de cohésion, correspond à des organisations ; ces organisations sociales naissent, se développent, ne durent pas dans l'immobilité, mais ne se détruisent guère que pour renaître en se transformant et en se combinant comme par des enchaînements prévus.

Dans la vie sociale, vie réelle, (car l'organisation des vies simples entre elles suffit pour que la vie composée de la société existe) il y a à distinguer l'organisation matérielle et l'organisation morale ; l'organisation matérielle résulte de l'équilibration des forces et des choses sociales, c'est-à-dire, de l'équilibration des biens, des propriétés, des capitaux, des pouvoirs, des droits, des échanges et des travaux ; l'organisation morale résulte de l'équilibration des idées et des devoirs, c'est-à-dire, de la moralité des actes sociaux, de la raison morale des actes sociaux, qui, se réduisant au fond à des actes individuels, produisent et assurent toutes les lois.

S'il faut reconnaître que l'organisation physique et naturelle de la société reçoit, comme celle d'une espèce, des conditions vitales du milieu atmosphérique et de la nature élémentaire, plus obscurément aussi reçoit des conditions sensitives du milieu animique qui suggère les sensibilités et les instincts, une fois cette part faite à la nature visible et invisible, il faut reconnaître que, l'organisation matérielle d'une société ne dépend plus que de son organisation morale, n'est plus que l'effet de l'organisation morale. Or, une vie où il entre des facteurs moraux, est plus que la vie d'un organisme ; c'est une vie qui est caractérisée *par des fonctions exercées avec conscience raisonnable, avec discernement et prévoyance, avec liberté et responsabilité* ; c'est ce que nous distinguons expressément en la désignant sous le nom de *fonctionnisme*, pour exprimer un degré de la vie supérieur à l'organisme.

III. Activités sociales et appétitions sociales.

Le fonctionnisme social offre des activités de formes variées, qui ne sont que les efforts des individus pour satisfaire leurs appétitions, c'est-à-dire que leurs efforts pour acquérir les biens qui profitent à leur existence. Pour étudier en détail la vie de la société, la sociologie, science des activités sociales, doit commencer par classer les activités sociales qui l'organisent. MM. Langlois et Seignobos ont proposé pour les activités sociales la classification générale que voici :

Activités sociales qui ne sont pas obligatoires :

1° Conditions matérielles : études des corps et du milieu.

2° Habitudes intellectuelles : langue, arts, sciences, philosophie, morale, religion ;

3° Coutumes matérielles : vie matérielle, vie primitive ;

4° Coutumes économiques : production, transformation, transport, industrie, communications ;

5° Institutions sociales : famille, éducation, instruction, classes sociales.

Activités sociales qui sont obligatoires :

6° Institutions publiques, institutions politiques, institutions ecclésiastiques, institutions internationales.

Habitudes, coutumes, institutions, ont leurs sources dans des actes qui sont suggérés par l'instinct et par l'intuition, par l'idée d'imitation et par l'exemple, par la réflexion et par l'expérience, et qui sont en même temps voulus ou consentis par les individus. Des actes *libres*, pourtant *nécessaires d'une façon conditionnelle, d'une façon subordonnée à leurs fins*, voilà les éléments sociologiques initiaux, dont l'enchaînement compose les divers tissus d'événements ; tous les facteurs sociaux précédents, toutes ces activités ne sont que leurs productions constantes et habituelles ; à vrai dire, dans de tels tissus d'événements, les actes ne valent que les points de la trame, ils constituent seulement dans les événements les dessins que les hommes trament sur un fond ou sur une chaîne, qui par la nature, arbitre du destin, a été préparée d'avance. Ainsi une maladie, une naissance, une mort, un accident naturel, sont des faits fatals qui modifient ou qui arrêtent, qui déterminent ou qui orientent les activités sociales, les fils de la trame.

Or, les activités sociales étant provoquées par les appétitions, celles-ci sont elles-mêmes en détail les motifs volontaires des actes libres, elles sont les causes finales, contingentes, des actes individuels. Un acte cherche à satisfaire une appétition, l'objet de l'acte, c'est *la recherche d'une appétition*. Un économiste allemand, M. A. Wagner, reconnaît chez l'homme cinq genres différents de recherche. Ces recherches, qui poussent l'homme à agir, qui déterminent suivant lui la nature économique, sont après tout des causes appétitives ; elles sont ramenées par lui à cinq buts généraux tels que :

1° Recherche de l'avantage économique personnel et crainte de la gêne ;

2° Recherche des récompenses et crainte des punitions ;

3° Recherche de l'honneur et crainte du déshonneur ;

4° Recherche de l'activité et crainte de la passivité ;

5° Recherche de la satisfaction de la conscience et crainte du blâme de la conscience.

Seul, le dernier motif d'agir est tout à fait désintéressé ; dans les quatre premières appétitions, il y a prédominance de l'intérêt ; mais d'élévations bien différentes en sont les intérêts : tantôt c'est l'intérêt égoïste, tantôt c'est l'intérêt mitigé, tantôt c'est l'intérêt respectable, tantôt c'est l'intérêt le plus profitable à la collectivité, tantôt enfin, c'est l'intérêt bon en soi. Si ces genres comprennent toutes les recherches qui ont une influence économique directe, cependant on peut y ajouter un septième genre, *la recherche de l'amour*, qui à l'état pur est toute altruiste, qui s'étend de l'amitié à l'amour le plus profond, et jusqu'à l'amour divin dont l'amour universel, la charité, est l'effet, et même enfin on peut y ajouter un huitième genre, *la recherche esthétique* du sentiment et de l'idée, qui crée en partie l'art, la philosophie et la science pure. Comment douterait-on que de telles recherches n'exercent au moins une influence économique indirecte ? Ce sont elles qui déterminent beaucoup de qualités économiques.

Quelque soit son appétit, son but, et les moyens par lesquels il le poursuit, l'acte social recherchant un bien, une raison, se présente avec un caractère rationnel et initial du dedans, qui le distingue de toute action mécanique et aveugle, de toute tendance inconsciente et réflexe.

Déjà en pure métaphysique (1), nous avons insisté sur la notion fondamentale de l'acte, *nous avons considéré l'acte comme le fait le plus concret et le plus général par lequel l'être manifeste son pouvoir, par lequel l'être se manifeste complètement ;* il est naturel par conséquent que nous retrouvions encore l'acte à l'origine de la sociologie en tant que principe promoteur essentiel de la vie sociale.

Dès le début, on peut prévoir que, les lois de propagation des actes seront pour la sociologie des lois analogues à ce que sont les lois du mouvement pour la physique et pour la science objective ; lois de propagation des actes dans le milieu social et lois de transmission des actions dans l'espace constituent également des lois d'influence, mais des lois qui appartiennent à des ordres différents d'existence.

Les actes créent des formes dans l'ordre social de même que dans l'ordre spatial extérieur les mouvements créent des formes.

---

(1) Essai philosophique : Quels sont les principes de la raison universelle ? Berger-Levrault, éditeur, 1897.

IV. La société est un réseau d'idées vivantes.

La société doit être conçue sous tous ses aspects de matière et de forme. Or, nous allons l'expliquer, les idées — vivantes — sont à la fois matière et forme dans un corps social. Les associations de personnes équivalent à des associations d'idées actives (ce qui ne veut pas encore dire en propre terme d'idées vivantes) qui se propagent, qui réagissent, qui se combinent, qui se développent en vue de fins déterminées.

Les liens des unités sociales, depuis les individus jusqu'aux nations, sont des idées communes entre elles, sont des besoins et des désirs, soit communs, soit coordonnés, soit subordonnés, lesquels reposent sur des idées. Issus des idées, les actes simples, qui sont des idées continuées, engendrent des actes complexes et anonymes, ou des faits. En se multipliant et en se fixant sous une direction, c'est-à-dire sous une idée directrice, les idées actives, simples au commencement, arrivent en se composant à engendrer des systèmes sociaux de complexité toujours croissante.

A la conception de la forme, il faut joindre la conception de la substance : les âmes humaines, étant les forces essentielles des individus, et les individus étant la matière de la société, des âmes sont l'être substantiel d'une société.

Or en quoi consistent ces âmes ? En dernier ressort elles se résolvent en monades; l'esprit est formé par des monades, et ces formations des monades qui exsitent dans l'esprit, sont des idéades ou des idées vivantes, telle est, à notre entendement, l'organisation psychique (1). Les qualités sociales individuelles sont caractérisées rien que par des idées vivantes, qui sont les âmes en matière et en forme ; par suite on peut se borner à regarder seulement ces systèmes psychiques.

Quand des esprits réagissent les uns sur les autres, ce sont des idées-vivantes qui réagissent les unes sur les autres, volontairement ou involontairement, directement ou indirectement ; les idées-notions ne sont que leurs images ou que leurs signes de transmission ; ce sont elles les acteurs qui fondent, véritablement et profondément, le milieu social *sui generis* en tissant tout le réseau dynamique du fonctionnisme humain. Ainsi les forces magnétiques tissent le milieu éterré, le réseau du mécanisme élémentaire. Aussi bien que des forces magnétiques s'induisent par des ondes éterrées, les idées vivantes par des émissions de pensées s'induisent mutuellement ; en raison des volontés elles présentent des résistances, et en raison des orientations elles interfèrent en quelque sorte entre elles.

Tous les esprits d'une société se ramenant à notre point de vue à des idées vivantes en présence, le fonctionnisme qui est réalisé par ces idées animées, est une équilibration psychique, équilibration fort composée, toute fluctuante, éminemment impressionnable ; cette

(1) Par un renversement d'optique psychique, nous plaçons les idées dans les choses parce que nous en faisons seulement des notions des choses ; plus absolument, ce sont au contraire les choses qui doivent être placées dans les idées, mais dans les idées-vivantes, qui sont à la fois des êtres et des idées : les choses ne sont que des apparences réelles que celles-ci offrent à une intelligence partielle ou imparfaite.

harmonie de forces intelligentes n'est pas que celle des âmes intellectives, elle est renforcée par les âmes sensitives, et comme c'est la nature directrice du monde sensible qui règle toutes les cordes sensitives, elle est influencée de mille façons par les puissances spécifiques de cette nature, par des idées vivantes d'une sphère supérieure.

De cette harmonie pensante et agissante, qui est la norme non visible, mais intelligible, du milieu social, les fluctuations petites et grandes, faibles et puissantes, se reflètent dans les sentiments des minorités et des masses, dans les courants quotidiens de l'opinion et la presse.

La société, donc, est un concert plus ou moins harmonique d'idées vivantes, lesquelles, après avoir moulé les cerveaux en chaque individu, moulent toutes les choses humaines pour ainsi dire par leurs vibrations.

Le monde tout entier d'ailleurs, tous les corps bruts et tous les corps organisés, ne font que présenter sous les schèmes sensibles la matérialisation apparente des idées actives qui sans cesse les moulent de haut en bas.

A tous les degrés dans une société, l'activité résulte d'idées vivantes qui se manifestent, qui s'opposent ou qui se lient, qui se subordonnent, qui se coordonnent, se parallélisent et se limitent, qui se groupent en quantité et en qualité.

Qu'est-ce qu'une science en termes idées ? Une science est un système d'idées, non vivantes, il est vrai, mais qui deviennent relativement vivantes dans les esprits et dans l'application. Un système philosophique, ou un système social, est un système d'idées-notions qui veut représenter un système d'idées-vivantes, qui aspire à devenir un système qui existe réellement dans le monde, soit à devenir le système qui sera la société future. Le propre des idées scientifiques est d'aspirer de l'existence individuelle à l'existence sociale.

Chaque science est un système complexe d'idées qui cherche à évoluer à la fois vers l'unité et vers la vérité, l'unité étant dans la vérité.

Le problème d'une science simple présentant cette difficulté, que dire de la science totale qui lie et combine toutes les idées en liant et combinant toutes les sciences particulières? Pourquoi s'étonner qu'en cherchant une unité si difficile et une vérité si vaste, elle semble toujours à refaire ? Plus elle se refait, plus peut-être est-elle en train de progresser grâce à une vie active des idées malgré d'apparents désordres. Quant à la science sociale, qui se présente, après la science totale, après la métaphysique, comme celle dont les problèmes offrent le plus de complexité et le plus de diversité, jamais elle ne tendra vers l'unité et vers la vérité qu'en se refaisant constamment autour des idées stables de l'expérience, de la raison et de la morale.

V. Intégration des idées et des actes en fonctions. Des fonctions sociales et du fonctionnisme social.

En concevant des idées vivantes, desquelles les idées-notions sont des formes tirées et des propriétés manifestes qui en émanent, desquelles les représentations sont des clichés abstraits et des signes objectifs, desquelles la pensée est une projection, nous avons pu passer des premières aux secondes et réciproquement, nous avons pu passer de la pensée et de l'activité à l'être, ou de l'être à la pensée et à l'activité, et comprendre alors comment l'idée se retrouve identiquement dans les acteurs et dans l'acte.

La propagation psychique et consciente de l'idée, que nous avons en vue, de laquelle vont dépendre les phénomènes sociaux, n'est possible qu'à la condition que l'idée existe premièrement dans l'auteur, dans le sujet qui agit, puis ensuite dans l'acte effectué sous le mouvement, et finalement dans la personne qui perçoit l'acte ou l'idée.

Expliquer de quelle manière les idées-notions se transmettent d'un cerveau à un autre, est une question de mouvement physiologique, qui ne résoud pas tout le problème, laissant à connaître comment le signe reçu dans le second cerveau passe de là dans l'âme et devient connaissance dans le sujet animique, bref ne fermant pas l'anneau capital de la chaîne. Cet anneau, nous le fermons en passant d'une âme à une âme, ce que nous faisons en passant d'une idée vivante à une autre idée vivante.

Ce problème résolu par les idées vivantes, l'idée peut réunir dans une communauté de conscience les individus d'une société, et le fonctionnisme social peut s'exercer intelligiblement comme un *organisme d'idées*.

Les idées-notions constituent les symboles, parlés ou parlables, des idées vivantes, mais exclusivement leurs symboles en tant que les idées vivantes sont formes représentatives, nullement en dehors de ces rôles ; elles valent les traits des acteurs idéants, des idéades, seulement en tant que jouant leurs rôles, qui sont de représenter et de reproduire les activités, les événements intérieurs et extérieurs.

Si nous effectuons le passage *des idées qui vivent* aux *idées qui s'expriment*, c'est d'une façon assez semblable que nous opérons la substitution partielle *des fonctions symboliques aux fonctions concrètes*, les fonctions symboliques ne les signifiant, bien entendu, que sous une catégorie abstraite et conventionnelle (1). Ainsi les actes réalisent des fonctions concrètes, et pour le cas de la sociologie qui nous occupe ici, ils réalisent des fonctions sociales ; or, des forces conventionnelles qui symbolisent des actes, c'est-à-dire des forces réelles, peuvent se lier en des fonctions abstraites, mathématiques, qui sauront exprimer chacune une relation, à côté de laquelle il peut s'en trouver bien d'autres dans la fonction concrète.

La mathématique, et plus spécialement l'algèbre, science des fonctions mathématiques, qui de cette façon est applicable aux fonctions physiques et psychologiques, est donc applicable aussi aux fonctions sociales, pour en préciser au moins certains rapports, ceux dans lesquels toutes les qualités dérivent d'une même quantité ou se comparent à une qualité unique.

D'après la définition que nous avons donnée de la sociologie au début, elle s'exprimerait en propre par des fonctions biopsychologiques ; mais de celles-ci même, des relations moins élevées peuvent être abstraites ; chaque science s'exprime, tant par des fonctions qui

---

(1) Voir notre essai sur les fonctions métaphysiques, métaphysique mathématique. Vº Dunod, Paris, 1898.

sont de son ordre que par des fonctions qui sont inférieures à son ordre. L'ordre organisé suppose des fonctions physiologiques, l'ordre du mouvement suppose des fonctions mécaniques, l'ordre physique se soumet à des fonctions géométriques, et finalement, l'ordre des nombres, lequel se traduit rien que par des fonctions mathématiques, est susceptible d'intervenir en tous ces ordres, plus ou moins concrets et plus ou moins adéquates à la réalité, où entrent nécessairement le plus et le moins, l'un et le multiple.

Nous contentant d'avoir indiqué et justifié cette transposition de la fonction organique et naturelle en la fonction symbolique et algébrique qui en extrait des rapports, nous allons maintenant considérer la vie sociale *comme une harmonie de fonctions exercées par les individus;* ce qui est la même chose qu'une harmonie d'idées qui fonctionnent.

Presque tous les problèmes de la sociologie, vous le remarquerez, se ramènent à celui de savoir comment peuvent s'intégrer les actes et à celui de savoir comment doivent s'intégrer les idées et les actes selon la raison universelle et morale. Que l'intégration ne doit pas être entendue ici dans l'unique sens mathématique, mais dans un sens qui ne définit pas l'opération de synthèse, c'est ce qu'il est à peine besoin de vous rappeler.

Les actes des individus en société s'intègrent en des fonctions qui sont nécessaires pour leur existence sociale, ou que du moins ils croient telles.

Socialement un individu n'agit plus seul. Agir seul, c'est penser, c'est former un jugement, c'est imaginer, c'est réfléchir, c'est calculer, c'est prendre une résolution vis-à-vis de soi, c'est en un mot exercer une fonction intérieure par la relation, ou par l'ordre, des idées vivantes dedans l'esprit. De telles fonctions qui restent intérieures ne sont pas encore des fonctions sociales. Une fonction sociale s'exerce entre deux ou plusieurs individus, entre deux ou plusieurs groupes d'individus, en un mot elle s'exerce entre des unités sociales. Communément, on réserve le nom de fonction sociale à une série déterminée de fonctions habituelles, qui font partie de l'organisation de la société, qui la définissent et qui la classent.

D'abord, tout âme humaine (société d'idées vivantes qui trouve son unité intellective dans le sein d'une monade dominante) est un pouvoir qui remplit la fonction générale d'homme avec toutes les unités qu'elle subordonne, avec toutes les âmes secondaires, ou monades, du cerveau et du corps qui sont dans son ressort extérieur direct et indirect ; l'âme humaine possède la fonction d'homme, commande l'homme, à peu près comme le général possède la fonction de chef de corps, commande le corps d'armée.

Ensuite, pour vivre en société, ce corps d'armée naturel, ce fonctionnisme, devient un instrument de conquête sous la volonté de l'âme ; vivant en société, l'homme se spécialise, il spécialise son cerveau et son corps dans le sens de sa nature particulière et de son milieu, il ne tarde pas à employer intelligemment son esprit et son corps, après une première reconnaissance et une première adaptation, à une fonction sociale relative, laquelle fonction sociale le différencie des autres individus, laquelle fonction sociale lui impose des conditions d'activité particulières. Par fonction sociale, il faut, philosophiquement parlant, entendre, aussi bien qu'une fonction dite publique, une fonction dite privée, une fonction familiale, une fonction économique. Chaque individu entre dans une fonction sociale qui met en jeu solidairement les actes de plusieurs ; il y a, au-dessus, des fonctions simples (privées ou publiques peu importe), des fonctions multipliées, des fonctions de groupes, des fonctions de corporations, et enfin des fonctions principales, qui résumant toutes les autres, sont les grandes fonctions d'une société, sont les formes générales d'un fonctionnisme social.

VI. Fonctions vitales de la Société, nature du fonctionnisme social, sa différence avec la nature de l'organisme.

Chez une société quelconque, trois grandes fonctions vitales se distinguent : la fonction de production, la fonction de répartition, et la fonction de consommation. Mais, de telles fonctions globales n'étant que des résultantes théoriques de fonctions vitales diverses, il est préférable de reconnaître immédiatement celles-ci, qui sont les suivantes : *pour la production*, des fonctions agricoles et des fonctions industrielles, des fonctions artistiques et des fonctions scientifiques, *pour la répartition*, des fonctions commerciales, des fonctions communicatrices et des fonctions transportrices, des fonctions administratives et des fonctions juridiques, des fonctions politiques et des fonctions défensives, *pour la consommation*, des fonctions éducatrices, des fonctions d'assistance, et toutes ces fonctions dans leurs relations d'achat et de jouissance. D'ailleurs, tour à tour ces différentes fonctions sont susceptibles de se présenter soit comme productrices, soit comme consommatrices. Si on ne conçoit pas en elles tous les individus qui en sont les termes réels, elles ne sont encore que les formes générales d'activité qui sont nécessaires ou utiles pour l'équilibre social et pour le bien-être social.

Ce que les théories des phénomènes constitutifs d'une science valent pour cette science, les théories de ces fonctions diverses de la vie civilisée le valent pour la sociologie : dans le fonctionnisme social en effet, ces fonctions, fonctions qui se sont associées pour le composer, sont telles que des systèmes naturels, sont des systèmes naturels qui fonctionnent biologiquement, et sont des phénomènes qui rendent compte de leur fin, l'existence sociale.

Si la vie de l'organisme est une fin de l'organisme, à plus forte raison la vie plus élevée du fonctionnisme est-elle une fin du fonctionnisme. L'existence sociale est une fin ; comme les fonctions organiques concourent à la vie de l'organisme, sans doute les fonctions sociales concourent à la vie d'une société ; elles sont peut-être moins absolues ; mais il y a une grande différence : une différence principale c'est que les premières sont inconscientes de cette fin, l'existence de l'organisme, cette conscience remontant à la Nature directrice, tandis que les secondes en sont conscientes, l'individu et l'association n'ignorant pas qu'ils agissent non moins pour la société que pour eux, et que leur intérêt est équitablement l'existence la meilleure d'une société qui protège et qui féconde les leurs.

Ces différences ne sont pas les seules, loin de là, il faut en signaler d'autres profondes ; dans l'organisme, l'être final et original, l'animal, compte presque pour le tout, et les unités qui le constituent ne comptent presque pour rien ; au contraire dans le fonctionnisme social, les individus sont presque tout, la somme des parties y équivalant au tout, au lieu qu'en l'animal la somme des cellules n'équivaut pas au tout sans l'un du tout, sans le vivant ; alors que l'animal, abstraction faite de l'existence de ses cellules, ses parties, conserve la personnalité d'un être, la société n'a rien qu'une personnalité fictive et purement idéale hors de celles de ses membres, les individus.

La fin, qu'est l'existence sociale heureusement équilibrée, doit par suite être comprise au bénéfice des individus, qui, à quelque chose près, sont tels que des actionnaires de leur pays ; le perfectionnement et le bonheur de tous les individus, voilà le but d'une société qui au point de vue humain, est créée pour eux et pour leurs vies unies.

Considérons au contraire que dans un système qui ne vaut pas plus qu'un organisme de notre sphère, les cellules ou les unités inférieures paraissent utilisés seulement, et sont comme faites seulement, pour un vivant en soi, pour un animal qui reste le tout véritable et la vraie fin.

L'école des sociologues, dite organiciste, par un excès d'analogie facile, ayant identifié la société avec un organisme au lieu de se borner à le lui comparer, il importait d'autant plus de faire ressortir les différences qui ne permettent point de passer de l'analogie à l'assimilation.

Qu'un fonctionnisme social découvre son image dans un organisme, cela n'a rien de surprenant : étant un système de vie supérieur à un organisme pur et simple, il est toujours possible de l'entrevoir sous ses rapports simplifiés, premièrement comme un organisme, et secondement, en simplifiant plus encore, comme un mécanisme dynamique, et même comme un mécanisme statique ; la raison en est que le supérieur contient au moins l'idée de l'inférieur, pourvu qu'il soit de même nature, ou pourvu qu'il soit de nature concrète. Il reste en outre à remarquer sur ce rapport ceci : l'homme, ou un animal supérieur, qu'on pose comme un organisme, n'est un organisme que sous l'aspect inférieur et insuffisant où nous le voyons d'ordinaire ; sous un aspect plus élevé et plus profond, l'animal supérieur, corps et âme, vaut un fonctionnisme qui, sinon autonome, a une cohésion assez parfaite, plus parfaite que celle dont peut jouir un fonctionnisme social.

Le pur fonctionnisme, qui n'est pas réalisé dans la société humaine, qui ne l'est pas même dans le corps humain, est, tel que nous le concevons, un ordre qui a une cohésion psychique, continue, et inhérente, parce que c'est dans son ensemble une seule âme qui enveloppe les âmes individuelles ; si bien que sa fin est double : qu'elle est d'une part la fin pour elle-même de cette âme intégrante, et qu'elle est d'autre part les fins de toutes les âmes intégrées en elle-même.

Ainsi, le fonctionnisme universel, l'Univers, est une

Ame : l'Être, qui contient dans son sein et dans sa substance les êtres, les âmes de tout ordres, et c'est le seul fonctionnisme absolument parfait qui se puisse concevoir.

Autre que l'unité du fonctionnisme universel, l'unité d'une société d'hommes, grâce à laquelle cette société existe, ne saurait consister que dans l'ordre commun qui unifie le multiple, unité toute externe en comparaison de l'unité interne qu'un esprit composé ou qu'une société de monades possède, en étant renfermée, plongée pour ainsi dire, dans une âme qui assure sa continuité subjective et qui lui sert d'espace indissoluble.

Le fonctionnisme, quel qu'il soit, et l'organisme ne sont pas soumis dans le même sens à des lois, parce que dans l'un *il y a de la liberté*, tandis que dans l'autre il n'y en a pas. L'organisme se conçoit comme obéissant à des lois nécessaires d'avance qui l'enchaînent dans des cycles périodiques, ces lois allant jusqu'à prévoir des adaptations restreintes par le moyen d'habitudes, ces lois assurant le développement et la reproduction dans des conditions bien définies.

Le fonctionnisme, au contraire, et par suite la société humaine qui en est un, — si imparfait soit-il, — ne doit plus se concevoir comme un ordre qui est enfermé d'avance dans des lois inéluctables, n'étant astreint qu'à la loi la plus universelle de la vie, c'est-à-dire qu'à la raison universelle, selon laquelle d'une infinité de manières encore son développement, malgré son passé qui l'enchaîne, peut être possible dans l'avenir ; après que les transformations d'une société ont eu lieu, elles peuvent bien paraître nécessaires ; avant d'avoir eu lieu, elles ne sont que contingentes, avant que des volontés ne les aient définitivement orientées, elles ne sont limitées que par le possible actuel, à savoir, que par la raison.

En principe, un fonctionnisme pourrait se dissoudre, il semblerait se détruire, alors qu'il se reformerait en des ordres nouveaux. Les monades conscientes et spirituellement solidaires qui entrent dans le vrai fonctionnisme idéal, dans le superorganisme lucide et spirituel, restant avec continuité et permanence en communication psychique, ont la capacité de s'appeler, celle de se retrouver, celle de se mobiliser de toutes espèces de façon, celles de se reconstituer par voies de dissociation et de mobilisation en systèmes tout différents.

Or, le fonctionnisme humain participe aux propriétés du pur fonctionnisme, et peut-être doit-il plus cette participation à l'assistance occulte de la nature et à la surveillance du monde spirituel qu'à sa propre vertu ; il peut créer aussi ses lois propres par son effort interne suivant des idées rationnelles, il peut conserver, transformer et créer, les fonctions qui lui sont utiles.

Faut-il penser d'après cela que l'humanité a créé *proprio motu* toutes les fonctions de la vie sociale, dont l'harmonie fait la civilisation actuelle ? — Pas absolument : spontanément, nous ne le croyons pas ; comme tous les génies se réclament de l'inspiration, le génie de l'humanité a été inspiré ; elle a reçu les intuitions directrices du fonctionnisme universel, de cette âme une en sa multiplicité, de cette direction, qui n'est pas attachée à sa seule nature humaine, ni à la seule nature de la surface terrestre, elle n'a été que la collaboratrice, d'abord inconsciente, puis à demi-consciente de la nature intelligible, à savoir des puissances intelligentes de la nature, qui suggèrent le monde sensible, qui sont des agents de la Providence, et qui sont les administrateurs de l'évolution sociale, aussi bien que de l'évolution géologique, dont celle-ci est une maturité.

Toute l'évolution sociale a commencé par des fonctions élémentaires, qui peu à peu se sont développées et combinées. Les fonctions élémentaires qui entrent dans le fonctionnisme social, fonctions plus absolues que les composées, sont les manifestations des individus en relations ; telles que, dans le monde des infiniments petits, les fonctions atomiques sont exercées par les monades obscures en relation, telles dans le monde humain les fonctions individuelles sont exercées par les hommes.

Au fond, les individus eux-mêmes sont réductibles en monades : l'âme humaine raisonnable est un fonctionnisme dans lequel les unités, les monades, forment les idées vivantes ; le corps humain qui est une superstructure de l'âme, consiste en un organisme composé à plusieurs degrés, dont les unités successives sont des êtres vivants inférieurs, réductibles encore, âmes et corps, en monades de moindres importances.

D'où il suit, que l'on a le moyen de considérer l'humanité, soit comme formée par des monades — ce qui est une vue métaphysique — soit de la regarder comme formée par des idéades ou des idées vivantes — ce qui est une vue psychologique — soit comme formée par des individus, ou des animaux raisonnables — ce qui est une vue naturelle — soit enfin par des fonctions pour lesquelles coopèrent plusieurs individus — ce qui est une vue sociologique.

En pratique, il est suffisant, pour rester dans le domaine de la sociologie, de considérer des individus caractérisés par leurs idées et par leurs fonctions sociales, et des associations d'individus caractérisées de même.

VII. Responsabilité des êtres sociaux dans leurs fonctions.

Les manifestations des individus et des sociétés, leurs travaux qui donnent à vie à la Société, sont des actions volontaires et responsables, ce que nous appelons exactement *des actes* par opposition *à des actions,* manifestations involontairement transmises ou se présentant anonymes. Les hommes, êtres moraux, ont conscience d'une responsabilité dans leurs fonctions, parce qu'ils ont conscience de leurs pouvoirs et de leurs devoirs; tous les actes tombent sous l'obligation de la loi morale et toutes les fonctions aussi : de là, l'utilité de la morale sociale, d'une éthique qui doit donner socialement la morale de l'individu, celle de la famille, celle des associations, celle de l'Etat et celle des sociétés. (1)

En tant que prescrivant et cherchant le devoir social pour chaque fonction, ces morales appliquées sont autant de chapitres de la sociologie et constituent les divisions de sa science morale.

Quelle doit être la conduite de l'individu en général dans la société ? quelle doit être la fonction de l'individu

(1) Définition de la fonction sociale par Lamennais, sous son rapport au devoir : « La fonction est le devoir sous les conditions de nécessité « qui déterminent les lois de la vie; le devoir est la fonction en tant « qu'obligatoire, la loi librement accomplie ». (*Traité de la famille et de la propriété*).

en général, du citoyen dans l'Etat? comment doit-il remplir chaque fonction spéciale ? quelle est la fonction théorique de la famille ? quelles doivent être les fonctions de la cité, du gouvernement, de l'Etat ? — telles sont les multiples questions qui se posent au point de vue de la morale et au point de vue du droit qui en dépend.

Les associations, les administrations, l'Etat, sont des fonctions composées qui n'ont plus d'existences absolues comme l'individu, ni primitivement naturelles comme la famille, dont les formes sont discutables et variables ; leurs processus et leurs fins semblent être entre les mains des citoyens ; elles sont exercées par des volontés qui ne s'obligent que librement à les remplir, et qui ne sont contraintes que par les lois qu'elles se donnent elles-mêmes. Sur ces questions nous viendrons dans les chapitres qui suivront celui-ci, lequel a encore plutôt pour objet la théorie de la science que sa pratique.

VIII. Des actes et des faits sociaux. Volontés humaines et volontés supérieures

Une sociologie explicative doit précéder une sociologie prescriptive, par la raison que, pour agir effectivement, soit pour intervenir dans les faits, il est nécessaire de comprendre les causes des faits, il est nécessaire de connaître les lois des actes. Tous les faits dans le monde ne sont que le résultat d'actes voulus, lesquels ont déterminé, comme des effets, les actions de toutes sortes autour d'eux et en dessous d'eux. A des actes, qui volontaires à divers degrés, s'enchaînent, il est vrai, par des modes de transmission fatals, les faits sociaux, mieux que les autres, sont réductibles.

Toute l'évolution sociale de l'humanité n'est que l'œuvre de volontés, mais encore ces volontés ne sont pas toutes rien que des volontés humaines. Dans l'inconscient, il y a des volontés qui se cachent ; les sentiments et les tendances involontaires, par exemple les sentiments des personnes, par exemple les inclinations spontanées des foules, représentent des mouvements actifs, dont la plus forte responsabilité remonte à la nature en tant qu'elle est une volonté qui dirige l'inconscient.

Parce que les combinaisons divines sont capables, au-delà de ce que notre intelligence peut soupçonner, de maintenir l'humanité et la nature dans leurs limites sans porter atteinte aux libres-vouloirs, il faut admettre que le destin de l'espèce humaine, malgré ces libertés, reste encore tracé par la Providence dans ses grandes lignes, qu'il n'échappe point à la Volonté suprême dans l'ensemble malgré les routes diverses qui s'ouvrent à l'homme ; dans les petites lignes en tout cas, il appartient aux individus et aux sociétés de coopérer, suivant la raison, à leurs destinées avec la Nature et avec le monde spirituel, voies, l'une indirecte et l'autre directe de Dieu.

N'est-ce pas chose étrange que seuls les modernes aient pu se figurer que le sort de l'humanité était livré rien qu'aux volontés et aux initiatives des hommes, sans aucune direction supérieure ? lorsqu'ils n'ont pas soutenu même que ce sort dépendait entièrement de forces aveugles, ce qui ne mérite pas d'être discuté.

Aussi sûr que moins ne peut de lui-même donner plus, aussi sûr que des éléments divisés et incohérents ne suffisent point à engendrer l'ordre, qui fait le tout, l'ordre qui réalise une société de plus en plus étendue, de plus en plus complexe et de plus en plus unie, — jamais les volontés individuelles des hommes n'ont pu *donner plus* qu'elles ne contenaient à l'origine, jamais des volontés n'ont pu suffire à réaliser un ordre qui les dépassait ; non dirigées, abandonnées à leurs spontanéïtés vides, sans inspirations, les volontés des individus jamais n'aboutiraient à l'unité, jamais ne réaliseraient une suite de séries de progrès qui aurait son unité finale. On ne saura pour de semblables raisons tirer toutes les lois sociologiques des idées inférieures et des forces physiques.

Que les philosophes n'aient pas reconnu de prime abord que le principe supérieur de toutes les actions composées et de tous les faits, était l'acte simple, dont la constante expérience leur était offerte en eux et par eux, cela est encore surprenant ! L'origine de la force active, c'est dans l'acte qu'il faut la voir ; dans l'acte libre, qui est un principe fondamental de la psychologie, de la métaphysique et d'autres sciences, non moins il faut reconnaître un principe de la sociologie : tandis que l'être existe en acte, la société consiste en actes ou en idées actives dont les faits sont les effets.

S'il y a des faits qui arrivent dans la société par sa volonté, il y en a qui arrivent sans être voulus par elle, donc qui arrivent par des volontés qui sont au-dessus d'elle. Ainsi l'apparition d'un homme de génie, son influence imprévue, est un fait social de ce dernier genre, dans lequel il est possible de deviner un dessein de la nature intelligente, ou un dessein de la Providence.

Un fait du premier genre est le développement d'une

industrie par le travail de son fondateur. Or, si la découverte scientifique de l'homme de génie n'avait rendu possible une application nouvelle, l'industriel n'aurait probablement pu, par sa seule volonté, développer son industrie d'une façon inespérée, et il n'aurait pu produire par là une révolution économique. Le fait social volontaire se trouvait donc, dans ce cas, subordonné au fait social providentiel.

Des volontés de génie n'aboutissent sans doute à faire de grandes choses qu'autant qu'elles sont secondées dans leurs voies par la nature et par le monde spirituel ; tel serait le cas des grands législateurs. Comment triompher sans appui de la nature ? — avec le seul concours de la grâce spirituelle, peut-être ne voit-on que les saints qui triomphent ; tel le fondateur du christianisme, qui est l'exemple le plus marquant entre tous d'un triomphe sur la nature.

Plutôt la sociologie avec de vrais principes expliquerait l'histoire, qu'elle ne recevrait son explication des faits de l'histoire, de faits qui, cachant et embrouillant les causes, se présentent souvent incohérents dans leurs origines et dans leurs conséquences. Les historiens, on le sait, ont une forte tendance à vouloir après coup, rendre l'histoire plus logique qu'elle n'est.

Si, sincèrement, celle-ci n'apparaît pas logique, si elle renferme mille contradictions, c'est qu'elle ne procède pas d'une volonté unique, ni même seulement de deux qui s'opposent, c'est qu'il y a humainement et surhumainement des volontés occultes, c'est qu'il y a même lutte entre des puissances, que l'histoire n'oserait plus faire intervenir à la façon d'Homère, entre les puissances dirigéantes invisibles de la nature, qui par leurs influences, grossièrement soupçonnées, font réussir les projets des hommes ou les empêchent.

Par les sentiments qu'ils reçoivent à leur insu de ces esprits transcendants, les hommes sont inclinés, et si par la stricte raison ils peuvent encore échapper au sentiment qui les envahit, ils n'en sont pas moins réduits à choisir parmi les idées qui leur sont suggérées par eux, soit intuitivement, soit indirectement. La volonté humaine, qu'on le reconnaisse, n'agit réellement que dans la mesure où elle voit la portée de ses actes, et que dans celle où il lui est donné de discerner; alors, ce qu'elle ne prévoit plus, la nature qui se sert d'elle, le prévoit, alors ce qu'elle ne saurait vouloir en tant qu'inconsciente, la nature, consciente, à son gré le veut.

Il suffit de faire entrevoir ces directions occultes, qui à travers cent oppositions, font fluctuer les sociétés, il suffit de penser que l'Esprit divin, qui domine la nature comme celle-ci domine l'humanité, tire parti de ces oppositions même pour le plus grand bien, pour le progrès final de l'humanité.

La part d'une idée directrice, qui n'est nullement négligeable, ayant été ainsi faite, les volontés responsables des actions ayant été ainsi distinguées, nous pouvons revenir terre à terre pour examiner tout humainement les faits, tantôt comme contingents, tantôt comme nécessaires.

La sociologie peut se bâtir avec des idées applicables aux faits, avec des idées adéquates aux phénomènes sociaux, lesquels sont des effets complexes, dont il s'agit de retrouver les causes volontaires et les causes dérivées de volontaires, tout autant que les causes matérielles, nécessaires *a priori*.

IX. Les phénomènes sociaux correspondant à des fonctions sociales. La société équivaut à un enchaînement de fonctions solidaires.

Les faits sociaux n'ont de véritable valeur scientifique que s'ils sont des phénomènes complets, entiers, que s'ils sont des choses qui ont leurs unités, des procès qui ne sont pas isolés, parce que des faits morcelés, des faits singuliers et des miracles, ne sauraient correspondre à des fonctions constantes, qui déterminent le régime social, et qu'ils restent, ou tels que des productions accidentelles, ou tels que des prodiges; des interventions surnaturelles pour la sociologie, quelques certaines que puissent être leurs apparitions (1).

A dire vrai, afin de découvrir des lois de société, il convient de suivre des faits qui comportent leurs fins et leurs causes originelles, qui constituent des termes entiers dans la série des événements, qui paraissent se reproduire, qui expriment des fonctions, pareils à des phrases et à des notes qui reviennent dans la mélodie d'un chant, jouées par des instruments différents à d'autres hauteurs. Or, ce que l'on observe d'une façon constante et renouvelée, ce sont *des actes professionnels* dans lesquels entrent des appétitions, des volontés, des idées,

(1) Comme il y a le phénomène physique *concret*, lequel est le corps matériel, lequel correspond à une fonction, *à une fonction mécanique*, — il y a le phénomène social *concret*, celui qui correspond à une fonction sociale, à définir, comme un corps, par tous ses effets, par tous ses rapports.

des sentiments, et des nécessités de situation ; dans leur intégralité, ces actes sont les manifestations relatives, mutuelles, de fonctions sociales qui s'appellent des spécialités, des associations, des collectivités, des administrations, des assemblées d'état, des gouvernements.

De la réaction des fonctions sociales les unes sur les autres, les phénomènes sociaux sont les conséquences diverses d'équilibre. *La société équivaut à un enchaînement de fonctions solidaires qui se font équilibration*, et c'est pourquoi le nom de *fonctionnisme* lui convient, en outre qu'il la distingue de l'organisme, dans lequel les fonctions s'ignorent.

Dans un pays organisé, ou, si l'on veut, fonctionnisé, la fonction capitale appartient à l'Etat, elle est de protéger et de solidariser toutes les fonctions principales, que nous avons citées, jusque dans leurs éléments, jusqu'aux fonctions primordiales individuelles, celles des citoyens de tous métiers.

Plus la société se trouve différenciée et affinée, plus il y a de fonctions intermédiaires et élémentaires pour composer les fonctions principales.

Toute fonction sociale a avec évidence son intérêt, son utilité, son profit, sa raison. Cela est banal à dire en détail : un professionnel quelconque, tel que le cordonnier, exerce une fonction qui concilie son intérêt avec celui de ses clients ; le cultivateur a pour fonction de produire le blé qui est nécessaire à la consommation du pain ; le général a pour fonction de commander le corps d'armée nécessaire pour la défense de la société ; chaque industriel exerce en tête, avec ses contre-maîtres et ses ouvriers, une fonction spéciale composée, pour produire, soit un objet, soit une matière dont la société a besoin.

En tant que membre de la famille et de la nation, l'individu en général a ses fonctions de parent et de citoyen qui rentrent dans sa fonction concrète. On peut se proposer d'examiner la fonction de plus en plus particulière qu'il joue dans chaque classe, dans chaque carrière, dans chaque spécialité, et même dans chaque circonstance. Exercées simultanément par la même personne, les fonctions abstraites influent les unes sur les autres ; ainsi, un citoyen peut à la fois être père, être propriétaire agricole, être soldat, et être professeur spécialiste ; il cherchera incontestablement à concilier ses intérêts et ses devoirs dans ces diverses fonctions.

La division du travail, croissant avec l'intensité et avec l'uniformité de la production, répartit et enchaîne des fonctions élémentaires qui concourent à une seule fonction industrielle, et par leur ordre et par leurs nombres ; ainsi, une fabrique de chaussures divise et multiplie le travail du cordonnier pour produire beaucoup à bas prix en unifiant les mesures ; ainsi, une grande ferme divise et multiplie le travail du paysan réduit à ses seules forces, et elle tire meilleur parti que lui de la terre.

En tant que fonction, fonction vivante, l'individu peut être regardé comme une production sociale, quoique hors de sa fonction, en tant qu'âme il ne le soit nullement ; la société elle-même, en tant que fonction résultante qui englobe tous les individus, toutes les fonctions, peut être regardée comme une production de la nature, qui, administration directrice, organise dans son ressort toutes les sociétés vivantes, toutes les sociétés de monades ;

que la nature n'ignore point l'utilité qu'a cette fonction résultante de l'espèce humaine dans le plan des règnes, et le rôle que joue l'humanité suivant l'avenir du monde, c'est ce que l'on est conduit à supposer.

Un fonctionnisme social résulte de l'harmonie régulière entre les diverses activités des fonctions et des individus qui le composent ; il doit son unité à la conciliation des intérêts, à la sympathie des sentiments, à l'accord des volontés des hommes, et en outre, aux causes que nous avons mises en lumière, qui dépassent les pouvoirs des individus ; ces dernières causes n'ont guère été sous-entendues par ceux qui ont traité de la sociologie ; comment pourtant concevoir que du chaos sorte l'unité par une propriété essentielle des choses ? — Est-ce que dans le vivant les sensations s'intègreraient en intelligence à défaut d'une âme dominante qui sut en tirer une idée ? Est-ce que par analogie les actes sociaux, particuliers et passagers, pourront s'intégrer en un ordre social à défaut d'une direction dominante, ou à défaut de directions invisibles qui ont leur unité ? — Non, cela n'est normalement possible qu'à cette condition, qu'à la condition d'une direction qui prévoit et qui utilise toutes les tendances, d'une direction naturelle métaphysique enfin, que les anciens sous-entendaient bien dans leurs mythes, qu'ils représentaient par les puissances de l'Olympe.

Jusqu'ici nous avons fait beaucoup de métaphysique, ce qui tient à ce que nous avons cherché les causes premières et universelles des existences sociales. La sociologie, à moins de demeurer dans l'empirisme pur, n'échappe pas plus à la métaphysique que la psychologie ; cette dernière science considérant l'esprit de l'homme, tandis qu'elle considère l'esprit social humain qui soumet celui de l'homme, si la psychologie a sa métaphysique, elle doit avoir également la sienne. Ne me reprochez pas de vous en avoir fait ; que serait, Messieurs, je vous le demande, une science de premier ordre sans métaphysique ? sinon une science sans couronne, sinon une science à laquelle manquerait l'idéale auréole.

Puisque le devenir de l'humanité est lié au devenir cosmique matériel et spirituel, et maintenant surtout, à son état d'avancement, au devenir spirituel, une direction cosmique intelligente est encore moins étrangère à l'évolution spirituelle de l'humanité qu'à son évolution matérielle.

X. Des principes et des lois sociologiques.

En la sociologie générale, prend formation une science de premier ordre, dont il importe de réaliser l'autonomie ; de hier elle possède déjà des théories nombreuses qui lui sont propres, avant que ses définitions pures et ses principes purs aient encore pu se condenser, et avant que ses théories aient encore pu, à peu d'exceptions près, dégager des lois synthéthiques et universelles qui l'unifient. Aussi, estimant que cette synthèse est aujourd'hui indispensable, venons-nous de chercher, à titre d'essais, des définitions adéquates et des principes d'un caractère philosophique, qui puissent la dominer comme des raisons générales.

Ces définitions et ces principes ont essayé de répondre

aux questions : qu'est-ce que la science des sociétés ? comment une société existe-t-elle ? pourquoi existe-t-elle, et par qui existe-t-elle ?

A ces autres questions : comment la société doit-elle vouloir exister ? comment existera-t-elle ? — répondront des principes de morale sociale, en dessous desquels des prévisions, des projets et des hypothèses seront permis comme des programmes moins scientifiques.

Il y aura par conséquent des principes de devoir social et il y aura des principes de devenir et de progrès sociaux ; ils feront les uns et les autres les objets des chapitres qui suivront. Pour le moment, ce qui constitue la seconde partie de ce chapitre, tâchons de passer des principes intelligibles aux lois sociologiques sensibles qui constituent la forme processive de la société, telles que des lois d'influence, des lois de propagation, des lois d'organisations, toutes lois qui sont des moyennes, des sommes, des régimes résultants.

Les causes volontaires et téléologiques, lesquelles sont capables sous nos yeux de déterminer l'avenir, grâce à l'idée rationnelle et morale, ont dû déjà, à quelque degré, déterminer le passé et le présent de l'humanité ; or, ces causes, nous les avons posées en posant les causes personnelles, ce sont les personnes, les volontés, qui agissent en vue de fins plus ou moins considérables, plus ou moins étendues : fins de la Nature conformément à un plan qui n'est pas, mais qui doit être, fin du monde spirituel, relative aux esprits purs, non aux individus, fin des fins qui ne sont que des renouvellements, ou fin de Dieu, fin des sociétés pour l'intérêt de la patrie, fins des associations pour leurs prospérités, fins des individus pour leurs bonheurs égoïstes et pour celui de leur famille. De toutes ces volontés, de tous les actes contingents ou conditionnels qu'elles effectuent, sortira-t-il des lois en moyenne déterminées, des lois sociologiques, des lois qui auront une existence indépendante des lois physiques et organiques ? C'est une solution qu'on constate plus aisément qu'on ne l'explique.

Si les éléments sont comme les sociétés composés de monades, les lois physiques et organiques elles-mêmes doivent trouver des origines semblables à celles des lois sociologiques, elles doivent être des causes relatives et moyennes, qui ont à leur tour leurs causes spontanées et contingentes dans les activités libres des monades.

Que des causes sociologiques spontanées aboutissent en sommation à des lois sensiblement déterminées, c'est une solution possible ; c'est d'ailleurs une solution que l'expérience montre pour des lois sociologiques secondaires dont l'origine se découvre le mieux, ainsi, pour la plupart des lois économiques qui ont pu être connues par la statistique.

Les causes résultantes, que les causes libres engendreront en se limitant et en se solidarisant, seront des processus sociaux plus ou moins durables, que l'habitude tendra à faire persister, qui ne varieront dès lors que d'une façon continue, c'est-à-dire qu'elles vaudront des lois sociologiques.

La persistance tient à une raison moins apparente, elle tient au mode de subordination des fonctions et des unités qui ne sont pas du même ordre. Une puissance de la nature, comparable en cela à une puissance politique, veut une solution, une orientation, elle assure une loi en donnant une même impulsion appropriée, un même sentiment, à des millions d'individus sensibles, en leur suggérant la même idée à l'exclusion d'autres. Presque tous seront influencés, ils céderont en moyenne dans une certaine mesure à cette orientation générale.

Plus une puissance politique s'assujettit de population, plus sa volonté impose une loi étendue ; plus aussi une puissance, qui domine le monde sensible, sera haute, plus sa volonté sera fixe et durable, plus la loi qui en procède persistera.

D'ailleurs, sans invoquer explicitement les directions, toute idée subjectivement nécessaire tend à faire la loi, et principalement, la raison nécessaire pour les êtres raisonnables, la raison universelle, tend constamment à devenir la loi dans le monde et à se substituer aux raisons particulières et bornées, qui sont instables par leur nature même. Un pouvoir humain, rien qu'un homme qui jouit d'une grande autorité persuasive, en imposant sa raison personnelle ou son idée à un grand nombre, suffit visiblement à assurer un processus social, lequel demeure ensuite en passant dans les usages et dans les mœurs.

XI. Lois d'influence des idées et des esprits qui se produisent, par analogie, par sympathie et par antipathie.

Descendons des sources au fleuve, de l'actif au passif, du conscient au subconscient, pour apercevoir les grands courants de propagation sociale ; les infinités de petits torrents instables, que sont les tendances sociales, se concentrent suivant des formes d'action, se propagent finalement suivant des lois résultantes, que M. Tarde a le premier, à notre connaissance, expliquées par la transmission des idées.

Pour nous, les unités sociales pouvant se ramener à des idées vivantes, rien ne nous paraîtra plus naturel que ceci : que ces forces, qui participent à la fois des êtres et des idées, influent les unes sur les autres.

Les idées, en sens ordinaire, agissent sur les esprits, parce que ceux-ci, sont essentiellement des idées vivantes, qui reçoivent et qui émettent des formes intelligibles, qui échangent des expressions d'elles-mêmes.

Par la relation des idées vivantes, laquelle équivaut à la relation des êtres sociaux, il se produit dans une société un fonctionnement des influences idéantes selon une triple loi : selon la loi d'analogie, selon la loi de sympathie, et selon la loi d'antipathie ; c'est par analogie et par sympathie que les esprits vibrent idéalement à l'unisson, qu'ils partagent leurs idées et leurs sentiments, qu'ils parviennent à s'identifier en pensée et en émotion ; dans les âmes sensitives, qui sont plus ou moins harmoniques entre elles, les idées se réflètent *analogiquement et sympathiquement* ; dans l'entendement elles se traduisent rationnellement, parce que pour la raison le sympathique-analogique n'est que le rationnel.

Comment l'imitation d'une idée étrangère par un esprit est-elle possible ? — voilà un problème qui trouve ici sa solution ; d'abord, les semblables se modifiant avec une équivalence proportionnée, il se ramène à l'imitation d'une idée vivante par une autre, à celle entre semblables ; ensuite, l'imitation d'une idée vivante par une autre est possible toutes les fois qu'il y a une forme de la première que la seconde peut prendre sans se dissocier, autrement dit, cette imitation est possible *par analogie*; enfin, elle n'est relativement bonne, que si sa forme idéale nouvelle est compatible avec celle de la forme primitive et avec l'esprit qui la contient, que si elle ne lui nuit pas, c'est-à-dire aussi que *s'il y a sympathie*. En cas d'antipathie ou d'incompatibilité, c'est l'inversion qui est suggérée, c'est l'opposition qui se produit.

Lorsqu'une idée vivante peut combiner en elle deux formes idéales, deux tendances ou deux notions, qui, isolément vis-à-vis l'une de l'autre sont contradictoires, — cela, parce qu'elles sont sans analogie ou sans sympathie entre elles, — l'adaptation est rendue possible par l'intermédiaire de cette idée vivante qui sert de moyen terme, par l'intermédiaire de l'esprit dont elle fait partie.

L'analogie est une manière d'identité qui appartient plutôt à la raison, et la sympathie en est une qui appartient plutôt au sentiment ; pour simplifier, nous avons supposé que la volonté ne se distinguait pas, tantôt du sentiment, tantôt de la raison ; car ici nous n'examinons pas tant ce qui se passe dans un sujet, que ce qui se passe entre deux sujets différents.

Les lois d'analogie, de sympathie, et d'antipathie des idées vivantes, en réglant le jeu des influences psychiques, permettent aux lois de propagation proprement dites, aux lois d'imitation, d'opposition et d'adaptation des idées et des actes, d'engendrer tous leurs effets chez les individus, et chez les groupes qui pensent et sentent de même que des individus.

XII. Lois de propagation des phénomènes sociaux.

Maintenant, nous pouvons formuler les trois lois sociologiques de M. Tarde :

Loi d'imitation. — Le caractère constant d'un fait social, selon ce philosophe, c'est d'être imitatif. Un exemple nouveau, une idée nouvelle, une fois produit dans un certain groupe social, tend à se propager suivant une sorte de progression géométrique si ce groupe reste homogène. Par suite du rayonnement imitatif qui travaille, incessamment et souterrainement, à élargir le champ social, les phénomènes sociaux vont en s'élargissant, et en même temps, croissent en étendue et se réduisent en nombre.

Loi d'opposition. — Cette loi résulte de l'opposition des tendances qui sont nées de l'imitation et des interférences des rayons imitatifs de sens contraires. Deux tendances sociales se rencontrent, soit par leurs côtés dissonants dans certains cerveaux, où elles produisent des oppositions logiques et téléologiques, desquelles dérivent des germes de concurrence, soit par leurs côtés harmonisables dans des cerveaux plus ou moins géniaux, où elles engendrent des accords, des inventions, des initiatives, desquelles procèderont toutes adaptations sociales.

Loi d'adaptation. — Cette loi consiste dans la tendance incessante qu'ont chez l'individu les petites harmonies intérieures à s'extérioriser et à s'amplifier progressivement par adaptation ; l'invention, dès qu'elle est

adaptée, se répète après être née de l'opposition et de la
la synthèse.

L'adaptation de deux idées est, par exemple, celle
d'un moyen et d'un besoin, ou celle d'une idée de production et d'une idée de consommation.

C'est grâce à l'adaptation que la science progresse.
L'adaptation sociale élémentaire se voit dans l'invention
individuelle, qui est destinée à être imitée en répondant
comme un moyen nouveau à une fin.

Enfin, de la succession des trois termes, imitation,
opposition et adaptation, résulte la variation universelle
des phénomènes sociaux.

Au sujet de cette variation de la société, il y a lieu
croyons-nous, de se demander pourquoi elle a été
et pourquoi elle reste malgré tout progressive; car beaucoup de mouvements qui se fusionnent fortuitement,
plutôt que de tendre vers une équilibration plus perfectionnée, tendraient vers un équilibre moins difficile.

Puisque les activités sociales correspondent avec le
temps à des équilibrations de plus en plus délicates et à
la fois de plus en plus étendues, les progrès de ces activités supposent à la tête de l'évolution des causes perfectrices, des directions rationnelles à divers degrés, telles, que certaines semblent dépasser toutes prévisions
humaines. A nos yeux, ces directions intelligentes existent, ce sont par ordre de suprématie, plus évidemment,
les chefs et les hommes éminents de la société, moins
évidemment, surtout des puissances de la nature sensible, des puissances de la nature spirituelle aussi, et au-dessus, un Dieu providentiel.

XIII. Assimilation, organisation et progression sociales.

Après avoir reconnu ces lois d'ordre psychique, qui régissent les mouvements sociaux de toutes sortes, remarquez que ces courants d'idées, que ces rayonnements, idéaux et actifs, qui sont propagés par l'imitation, jouent pour ainsi dire dans le fonctionnisme social le rôle de courants nutritifs, lesquels alimentent les esprits et les sociétés ; le rayonnement imitatif, en effet, n'est-il pas comme une distribution de matière d'activité sociale ? l'opposition n'est-elle pas telle qu'un rayonnement inverse, comme une élimination d'un déchet nutritif, mais encore d'un déchet de fabrication qui ne se perd point, et qui constitue une autre matière différente ? l'adaptation n'est-elle pas la combinaison de la matière idéale et sociale, n'est-elle l'assimilation nutritive, qui finalement profite au corps social et en permet le développement?

Ce sont les idées qui font vivre une société, comme ce sont elles qui font vivre un esprit, et plus encore; faute d'idées, et d'idées actives surtout, une société, pareille à un organisme qui ne renouvelle pas sa sève, tombe dans l'anémie, c'est-à-dire tombe dans la décadence. La société est essentiellement une organisation idéative *qui vit de l'idée*, de l'idée renouvelée, ainsi que d'une matière transcendante, ainsi que d'une énergie qualificative, dont la valeur et l'essence résident dans la qualité de son pouvoir d'activité et dans celle de son pouvoir de formation.

XIV. Loi d'organisation idéative de l'esprit en société et des unités sociales.

Il y a, en cet aspect intérieur final du triple processus, quelque chose comme une loi d'organisation idéative, une loi de fonctionnement et de développement des êtres sociaux, que les idées vivantes et les fonctions expriment ; mais c'est un ordre, une loi, qu'il n'est guère facile de définir d'une manière assez satisfaisante. Essayons-le pourtant.

Dans le milieu vibratoire des idées, dans le milieu idéant, qualitatif, qui distingue supérieurement le milieu social, les idées vivantes d'un esprit, celles d'une association, celles d'une société, arrivent constamment à s'organiser avec équilibration en puisant dans ce milieu les formes idéales, les tendances actives, qui leur conviennent, et en cherchant à se les assimiler. Psychiquement ces esprits individuels et collectifs s'organisent, en s'ordonnant, tant par sympathie dans la sphère du sensible que par logique dans la sphère de l'intelligible, et que par morale dans la sphère de la raison, ces trois sphères réagissant l'une sur les autres, cela à travers les vicissitudes continues qu'apportent des sentiments nouveaux, des idées nouvelles et des intuitions nouvelles par communication extérieure comme intérieure.

Pour s'assimiler ces formes, il faut que les esprits les décomposent, il faut que dans l'ordre modifié, ils excluent les formes incompatibles, les vieux errements routiniers, il faut en un mot que la conciliation se fasse, que l'affection, que la raison et que la volonté se concilient, la raison posant la vérité, la volonté reconnaissant l'utilité, et la sensibilité, l'inclination.

Les esprits en société et l'esprit de la société vivent d'assimilation idéales, de même, à quelque chose près, que les cellules en corps et le corps vivent d'assimilations substantielles ; aussi bien que l'existence spirituelle, l'existence sociale consomme des forces pensantes, *use des idées* ; de cette consommation elle ne profite pas tant en quantité qu'en qualité ; mais c'est par sa qualité que l'existence sociale vaut et qu'elle s'élève au-dessus de l'existence animale.

Encore qu'elle ne soit qu'un système d'une cohésion faible et d'une cohésion qui ne persiste que dans ses grands traits, la société humaine représente un vaste esprit (chez lequel les individus remplacent des monades), un esprit qui a besoin de s'assimiler des idées pour le renouvellement de ses fonctions, pour la perpétuelle réorganisation sociale.

Les formes matérielles des sociétés, leurs lois, leurs institutions, leurs créations, sont en grande partie, et aujourd'hui plus que jamais, les conséquences de leurs formes mentales, elles sont les réalisations des formes idéales internes, qui sont devenues viables comme formes naturelles externes, à savoir par exemple : comme procédés, comme instruments, comme recherches, comme applications, comme constructions, comme arts, comme sciences, comme administrations, et comme toutes fonctions sociales non primitives.

XV. Germes psychiques des phénomènes sociaux et des autres phénomènes naturels ; les idées-vivantes sont des idées-matrices, les matrices de tous les phénomènes.

Le germe psychique de l'organisation sociale externe, le germe primordial du fonctionnisme sensible et visible, c'est l'organisation idéative interne dont il vient d'être parlé. Tous les phénomènes sociaux, qui foisonnent en se greffant les uns sur les autres, ont leurs germes véritables en des systèmes d'idées-vivantes ; ces idées vivantes constituent les germes primitifs qui sont capables de renouveler vraiment les végétations sociales, à la façon de semences implantées (1).

D'ailleurs, cette notion, à la fois idéaliste et réaliste, *que les idées-vivantes sont les germes essentiels des choses, les matrices des phénomènes*, peut se généraliser et s'étendre à tous les germes, à toutes les productions naturelles. Les savants nous accorderont que les germes matériels à leur état tout à fait simple ne sauraient renfermer les fonctions réduites des vivants qui en sortiront — les espèces avec tous leurs caractères, — que les germes primordiaux des organismes animaux ne sauraient consister en réductions matérielles très petites, infiniment petites, de ces organismes, lesquelles ne feraient que se développer par déroulement et par croissance. Alors en quoi consistent-ils ? — Ils consistent en forces qui renferment, portent, et accomplissent une idée : l'idée de l'être qui n'est

---

(1) Les stoïciens avaient déjà émis cette expression, voisine de la nôtre : « λογοι σπερματικοι », c'est-à-dire les raisons séminales des choses ; une autre expression, congénère encore, est celle d'un contemporain, M. Fouillée, c'est : « les idées-forces ».

pas matériellement et qui sera matériellement ; qu'est-ce à dire, sinon que ces germes, dynamiques, psychiques, sont des idées vivantes qui contiennent en puissance animique, les formes futures, et qui, se développant du dedans en dehors, les créent à leur image, à leur idée, avec des éléments inférieurs ou physiques. La forme idéale du germe pur n'est dès lors qu'une forme homologue, c'est-à-dire est seulement une forme subjective qui a la même signification que la forme objective, la même que l'organisme réduit qui tombe sous l'observation.

L'idée vivante, le germe absolu de l'organisme, et la matrice du germe organique lui-même, n'est autre substantiellement que l'âme, qui est conduite par la nature dans une évolution, puis qui continue avec son aide à s'organiser, en organisant le corps à l'unisson de l'idée vitale, cela à mesure que celui-ci parvient à un fonctionnement plus développé.

A défaut de ce germe absolu, le germe matériel, qui en est le réceptable, ne donnera rien de définitif, restera stérile pour cause psychique.

Or, les idées vivantes des individus et des associations fécondent les œuvres sociales semblablement à des germes. Ainsi, une société industrielle, projetée n'existe d'abord qu'en germe, elle n'existe que dans la pensée des actionnaires qui en sont les premiers fondateurs et les premiers capitalistes. La compagnie, encore à l'état d'idée, matérialise son idée, elle met son plan ou son projet à exécution en acquérant une concession, elle fait alors appel à des actionnaires secondaires, à des employés, à des ouvriers, pour la mettre en exploitation d'après le plan prévu comme plan général, et ensuite, elle s'applique à l'adapter à ses ressources et aux circonstances extérieures, commerciales et autres.

XVI. Loi sommaire de progressivité : subordination du progrès à l'idée et à l'expérience de l'idée.

Toute organisation sociale, qui se développe avec unité et avec sécurité, implique du progrès, un double progrès : un progrès interne de l'organisation idéative, et parallèlement, un progrès externe de l'organisation effective.

Si en effet le premier genre de progrès est une condition nécessaire du second, le second genre, en étant effectué, permet seulement au premier de se poursuivre sur le terrain actuel des faits, à défaut duquel il resterait sur le terrain hypothétique du possible. Ce n'est point autrement que la raison rend l'expérience possible, et que l'expérience permet à son tour à la raison d'atteindre, avec une nouvelle base, une réalité plus éloignée ou plus particulière. La philosophie, par exemple, joue un premier rôle idéatif vis-à-vis de la science qui a un rôle actif, comme en second lieu, la science pure joue un rôle idéatif vis-à-vis de la science appliquée, à laquelle appartient un rôle effectif ; c'est reconnaître que le progrès est subordonné à l'idée non moins qu'à l'expérience de l'idée, et c'est le reconnaître pour la plus haute organisation sociale : pour la science en général qui embrasse philosophie, sciences pures et sciences appliquées.

Les grandes idées qui, ainsi germes de l'avenir, préparent l'amélioration sociale, dignes d'admiration, ne sont pas les choses qui excitent le moins d'initiatives, bien que leurs accomplissements méritent encore plus d'admiration que leurs desseins, et pour les efforts couronnés de succès, et pour les progrès réalisés.

Quoi qu'il en soit de ces deux conditions générales complémentaires du progrès, — idée et expérience de l'idée — on ne peut douter que chaque progrès n'ait ses lois propres ; si quelques chose exige des lois, c'est-à-dire de l'ordre, de la logique, de la raison, des causes appropriées intelligibles, c'est certainement le progrès.

Des lois particulières de progressivité sont observables dans différentes fonctions sociales, dans diverses sortes d'associations ; de telles lois particulières sont trouvées empiriquement par la science économique et par la statistique; ces deux branches de la sociologie possèdent le privilège de fournir, assez facilement, de petites lois sociales qui ont la valeur de causes secondes et particulières. Dans un ouvrage intitulé: lois sociologiques, un sociologue, M. de Greef, a signalé plusieurs lois particulières de ce genre; mais de quelques lois de détail, de quelques courbes statistiques, la loi générale du progrès ne saurait encore maintenant se dégager ; on ne peut que tenter d'en indiquer des expressions provisoires, et à titre de premières vues très approximatives.

XVII. Loi approximative du progrès des systèmes sociaux ; proportion du progrès ; facteurs du progrès ; durée d'une société.

Le progrès des systèmes sociaux est dans le perfectionnement des fonctions sociales, dans leur multiplication et dans leur harmonie, dans leur équilibre physique et dans leur équilibre moral, dans leur unification et dans leur solidarité, quelles que soient leurs complexités et leurs natures.

Puissance d'accroissement de l'état social, de la valeur sociale, variable au cours du temps et suivant les peuples, *la progressivité générale* semble être en raison de divers facteurs : en proportion de la masse ou de la population, en raison de la différenciation, c'est-à-dire en proportion du nombre et de la division des fonctions, et aussi en proportion de la richesse des individualités, en raison de la coordination ou de l'union sympathique des éléments individuels, de celle des classes, de celle des fonctions et des systèmes, et surtout enfin, en raison de la subordination, c'est-à-dire en raison de la force de la hiérarchie, de l'obéissance à l'autorité et au devoir.

Les activités morales comme les activités intellectuelles, les inventions de la charité comme celles du génie, sont les producteurs qualitatifs, et par suite les facteurs les plus essentiels d'un progrès que tous ces facteurs fonctionnels ne font que multiplier, nourrir, et favoriser.

Alors que l'humanité persévère finalement dans son évolution ascendante, des sociétés qui en sont des fractions s'arrêtent ou tombent ; les sociétés, qui la constituent comme des espèces, ne durent pas toujours, elles meurent, elles se renouvellent et elle se succèdent : L'histoire nous apprend que les progrès des sociétés antiques ont eu leurs limites, elle nous apprend que les sociétés durent tant qu'elles progressent, et que le progrès ayant cessé, leur dissolution commence, plus ou moins lente, plus ou moins rapide. En tous cas, la durée d'une société dépend de la persistance de son progrès, et de sa cohésion, et de son unité, elle paraît être en raison directe de l'organisation morale, qui rend les lois stables et en garantit l'application juste et constante.

XVIII. Simple énoncé des principes qui sont nécessaires, pour fonder une vie sociale qui soit stable, élevée, progressive et durable.

Le niveau de la vie sociale autant que sa stabilité, la durée d'une société autant que son progrès, tiennent aussi bien à l'observation scrupuleuse de principes vitaux, que toutes ces conditions entendent, et sans laquelle, ni son fonctionnement normal, ni à plus forte raison son progrès ne seraient assurés ; pour vivre sainement, il faut à une société : *un principe de conservation sociale* (1), *un principe d'entretien, un principe de prévoyance, un principe de justice, un ou des principes de liberté, un principe d'harmonie, un principe de développement, un principe de perfectionnement, un principe d'honneur, un principe de charité, un ou des principes religieux.*

Toutes les institutions, toutes les lois de la société doivent avoir pour but de satisfaire le mieux à ces prin-

---

(1) Principe de conservation sociale, qui se trouve dans la philosophie de Lamennais : « Au don de tous à chacun, correspond le droit, « conservateur de l'individu ; au don de chacun à tous, correspond le « devoir, conservateur du tout. » (De la famille et de la propriété ; Paris, Garnier, 1848).

C'est seulement là le principe en fonction du droit et du devoir.

cipes indispensables de l'ordre social et moral, qui règleront le droit et qui proposeront le devoir, qui détermineront le nécessaire et l'utile.

CHAPITRE II

MORALE SOCIALE : L'INDIVIDU ET LA FAMILLE

I. L'équilibre social est un équilibre moral.

Qu'une morale sociale repose sur une morale théorique, fondée elle-même sur l'idée absolue du bien, et qu'elle trouve ses maximes particulières dans une morale pratique, qui a été, et qui sera de tous les temps, c'est ce qui est admis par le consentement général de tout le monde. Sans remonter à ces fondements éthiques, présentement, traitons de la morale au point de vue social, et en considérant brièvement en particulier chacune des unités sociales en ses relations avec d'autres ; ce ne sera plus la morale abstraite de la raison, ni celle de la conscience, ce sera une esquisse de celle de la société, et ensuite un programme de celle du législateur.

Puisque l'objet de la morale sociale est de prescrire l'organisation la meilleure de la société, l'ordre libre le plus juste et le plus pondéré, on peut partir de l'idée de l'équilibre qui est l'idée de l'égale pondération ; c'est d'abord une idée simplement rationnelle, mais qui dans certaines conditions devient morale. L'idée de l'équilibre est une idée aussi commune que supérieure, qui préside à tout ordre, à toute organisation, que l'ordre soit physique ou qu'il soit psychique, que l'organisation soit matérielle ou qu'elle soit idéale, les forces actives, spirituelles et conscientes ayant besoin de s'équilibrer pour s'associer, tout comme les forces passives, naturelles et inconscientes, qui d'ailleurs reçoivent leur ordre de l'esprit.

Toutes les lois physiques qui interviennent dans les systèmes naturels concourent à assurer l'équilibre de ces systèmes, et cela, sans doute en étant utilisées par des directions ; quant aux lois et aux directions, ainsi il en doit être dans le système social, pour ce qu'il est un système plus élevé et qu'il réclamera un équilibre d'autant plus délicat.

Quoiqu'il puisse paraître grandement soumis à l'équilibre physique et naturel, l'équilibre social ne l'est jamais complètement ; il suffit de cette indétermination pour que la liberté entraîne avec elle la responsabilité et la morale ; l'équilibre social est donc surtout un équilibre moral.

Peut être du reste y a-t-il bien plus de moral dans l'équilibre de la nature que les apparences ne nous permettent de le croire. Entre les mains infiniment savantes et exercées, des ouvriers invisibles de la nature, on peut concevoir que les lois physiques ne sont que des moyens de transmission disponibles, dont ils savent tirer des variations inappréciables ; comme les modulations du courant télégraphique ou du courant téléphonique, ces variations ont alors des significations qui font leurs véritables valeurs : signifiant des ordres, des influences, suggérant des impulsions et des orientations chez les éléments organisés, réglant à l'unisson les équilibres des organismes infinitésimaux.

Or, de quelque ordre qu'elles soient, les actions directrices, en tant qu'elles s'exercent directement, sont persuasives ; l'équilibre spontané des monades, s'il est sollicité par persuasion directe, est donc obtenu par des sortes de raisons bornées à leurs pouvoirs, et comme les raisons, qui sont voulues librement, ne le sont pas sans que la moralité se pose, il s'en suit que l'équilibre moral fait la base de l'équilibre des monades ; ce n'est plus qu'indirectement et par contre-coups que les directions s'exercent par contrainte sur des êtres composés du règne sensible, non sur les âmes simples qui le constituent.

Mais, si dans le cas du règne élémentaire et dans celui du règne organisé les directions restent occultes pour nous, dans le cas de la société, les directions seulement humaines sont des plus manifestes, et il est tout à fait visible qu'elles agissent sur des âmes conscientes et libres; les individus ne sauraient être contraints en tant qu'âmes, ils ne se voient jamais contraints que parce qu'ils veulent garder leurs jouissances sociales, leurs biens et leurs situations, ou pour le moins, leurs jouissances naturelles, leurs corps, plutôt que de résister et de les perdre.

Pourquoi leurs fonctions les contraignent-elles, sinon parce qu'ils s'imposent à eux-mêmes de les conserver, et que pour cela, il faut en remplir les conditions ? En résumé, si l'on veut conserver son corps, il faut obéir aux lois de la nature, si l'on veut conserver sa fonction sociale, il faut obéir aux devoirs qu'elle impose et aux lois de la société.

S'il est vrai que l'équilibre de l'univers repose sur les volontés des monades, dirigeantes et dirigées, il est au fond un équilibre moral. Mais pour l'équilibre social, il n'y a point de doute, il repose évidemment sur les volontés des citoyens qui sont des êtres moraux ; on doit donc affirmer que c'est un équilibre moral, plus ou moins parfait d'ailleurs, suivant que les raisons et les vouloirs des citoyens sont plus ou moins conformes à la vérité et au bien.

Les idées-vivantes, tant dans les esprits que dans l'esprit de la société, les fonctions sociales, les associations, et l'Etat, qui sont des systèmes doués de liberté, doivent rechercher leur équilibre, et leur équilibre le meilleur, le plus moral. Comment, par quelle vertu, voudrait-on que l'équilibre fût dans les choses des hommes et dans leurs actions avant d'avoir été en leurs idées qui sont les modèles de ces choses, et en leurs esprits qui sont les exécuteurs de ces actions ? — Au moins faut-il de toute nécessité que les esprits de ceux qui enseignent et de ceux qui dirigent soient moralement équilibrés, et que leurs idées soient organisées avec un ordre non inférieur à celui qu'elles ont à organiser au dehors. Qui ne reconnaîtra que c'est là un problème difficile à résoudre dans la perfection ? Quel sage l'oserait, si la pratique ne permettait d'incessantes retouches des idées et des choses ?

Pondérer les actions mutuelles de toutes les unités sociales par des liens moraux, — utiles et rationnels dès qu'ils sont moraux —, c'est déjà préparer, sinon assurer, l'unité, la conservation, et l'évolution d'une société.

Pour une société, qui ne vivrait pas encore seulement de la réserve de son passé, pas encore seulement de ses orces acquises, sa règle de conduite ne vaudrait guère que ce que vaudrait sa morale ; car c'est d'elle d'abord qu'elle tire son orientation générale dans les situations qui lui sont faites.

Si cette morale n'est que de convention, rien n'oblige les citoyens à l'approuver dans leurs consciences, elle n'est pas la loi absolue, *la loi morale*. Seule, une loi intérieurement reconnue, laquelle les consciences suivent de leur propre gré en accomplissant leur devoir, est la loi morale ; elle ne doit pas être confondue avec la loi répressive et coercitive que la société applique aux insoumis, et malgré leur assentiment en tant qu'il est particulier et intéressé.

Cette loi pénale, ou de justice pénale, ne faisant d'ailleurs que protéger tous les citoyens légitimement contre quelques-uns, que défendre ce qui est reconnu pour l'intérêt général, si elle est distincte de la loi morale, en procède néanmoins comme une conséquence. La notion de l'équilibre, au reste, s'appliquant aussi rationnellement à l'ordre intérieur qu'à l'ordre extérieur des personnes, n'interdit pas de passer du légal, de la loi civile, qui est objective et utilitaire, à la loi morale, qui est subjective et bonne en soi.

Mais une morale sociale qui reposerait uniquement sur l'ordre extérieur, c'est-à-dire sur l'utile et sur le conditionnellement nécessaire, aurait-elle une base suffisante? On lui reprochera justement d'être relative, et de laisser supposer une morale absolue. En s'élevant de la raison pure à la raison morale, — ce à quoi elle sera conduite, parce que dans l'acte la raison pure se lie à la raison morale — elle devra finir par atteindre et par reconnaître une base plus solide.

Pour l'éthique, l'idéal est plus solide que l'actuel, et

la morale des choses n'est pas la dernière. Dans l'esprit de la société qui se juge, telle qu'une conscience, une morale idéale doit servir de type absolu à toute morale d'application, à toute conduite pratique accommodée à une situation, pour poser tout au moins la pure solution théorique des questions sociales au point de vue du bien. En application, la solution effective ne vise plus une société immuable, qu'on refait tout d'un coup et une fois pour toutes, elle se borne à s'inspirer de la solution théorique, de l'idéal qui la guide vers le progrès.

C'est autant que possible d'une façon continue et suivie qu'une société doit tendre vers les solutions progressives qui lui conviennent en principe ; les remèdes violents, pris à forte dose, réussissent rarement à un malade ; de même pour une société, les moyens violents, les transitions radicales et brusques ne sont pas sans danger.

Quels sont ceux qui concevront le mieux la société idéale à venir ? Ce seront certes les esprits les plus vertueux et les plus libres, les plus élevés et les plus experts de l'époque, des hommes qui savent affranchir leur pensée et leur volonté de tous les préjugés, et qui, munis de l'expérience, ont médité en philosophes désintéressés les choses politiques.

Que le prochain siècle, réalisant l'idéal au moins dans l'intérieur d'un grand État, voie la morale y régler les principes de la politique au lieu d'être réglée par elle dans les affaires publiques, voilà ce qui serait très beau et très désirable.

Quant à l'intérieur, la politique a pour tâche un équilibre social, qui, devant satisfaire à des déjà conditions faites, n'est guère indéterminé et n'est pas impossible à prévoir. Chaque équilibre social avec les divers pays, comporte ses facteurs définis, étant donné la nature du pays, les besoins, les aspirations, les coutumes et les mœurs des citoyens ; il y a des facteurs qui sont généraux à l'homme : les tendances instinctives et passionnelles, le plaisir, la crainte, les intérêts, les sentiments religieux, le sentiment d'honneur et celui de la patrie, les sympathies de races ; il y a enfin toutes sortes de considérations particulières dont les solutions pratiques doivent tenir compte.

II. Formules d'équilibre social. Divisions de la morale sociale par les relations entre les unités sociales.

Comme l'équilibre, pour se produire, réclame au moins deux actions mutuelles qui s'accouplent et s'opposent, tout acte social suppose toujours, pour avoir lieu, au moins deux partis en présence. Toujours aussi il sera possible de ramener sous quelque face le problème de morale sociale à l'équilibre le plus simplifié, lequel s'appelle un dualisme ; ce dualisme s'obtiendra par une composition successive convenable des unités sociales, qui les réduira finalement à deux groupes adverses, soit à une fonction de deux termes ou de deux variables.

C'est ainsi qu'en mécanique on compose ensemble des forces multiples, on ne considère en chaque point que deux résultantes uniques, l'action et la réaction. Dans l'équilibre non plus statique, mais dynamique, qui est le plus réel, où le mouvement subsiste, l'action et la réaction proprement dites se remplacent par le travail moteur et par le travail résistant. Pour la mécanique, les deux termes qui constitueront la relation d'équilibre actif, d'équilibre productif ou de travail, resteront encore équivalents, pourvu cependant que l'on tienne compte de déperditions ou de travaux virtuels, qui forment la compensation entre la dépense et le rendement mécaniques.

Or, pour la sociologie, sans qu'il faille pousser l'analogie trop loin, l'action et la réaction, s'expriment le mieux aussi par des travaux avec des gains ou des pertes ; les deux termes, les deux manifestations actives ou productives, y deviennent les deux membres d'une fonction sociale, la relation y devient celle de deux unités sociales. Par exemple : *l'action de l'individu sur la société demeure équivalente à celle de la société sur lui, plus ce qu'il crée ou tire de son propre fond ;* ou bien : *l'action de la société sur l'individu est équivalente à celle de l'individu sur elle, plus au progrès qu'elle lui communique, ou plus ce qu'il ne lui restitue pas.*

Si l'individu crée vraiment, c'est par l'inspiration qu'il reçoit spirituellement, et c'est par l'effort moral dont il fait preuve ; le progrès social ne se crée qu'à la fois par les efforts moraux et par les intuitions nouvelles, que les individus mettent en œuvre, que la société propage et développe. A l'initiative créatrice et morale de l'individu, tout progrès de la société est encore lié, en dehors du déterminisme proprement dit des situations et des choses, qui le conditionne.

Les formules d'équilibre social, plus ou moins analogues aux deux formules ci-dessus, représentent des moules généraux pour exprimer l'identité, soit des moules logiques, qui sont applicables tant entre l'individu et la société qu'entre l'individu et un groupe social, qu'entre deux individus, qu'entre deux groupes sociaux, c'est-à-dire qu'elles sont applicables entre toutes unités sociales.

Les principales unités de la Société étant l'individu, la famille, la tribu, la cité, l'Etat, enfin la Société même, qui est leur unité synthétique, la morale sociale comportera d'abord autant de divisions principales, cinq grandes divisions ; en les désignant par des lettres pour représenter les combinaisons qui en résulteront, ces divisions seront : A, la morale individuelle de l'homme social, B, la morale de la famille, C, la morale de la cité, D, la morale de l'Etat, famille des cités, E, la morale de la société, laquelle peut embrasser plusieurs Etats, unis à un degré sociable.

Les relations entre les unités — *individu, famille, cité, Etat, société,* — ces unités étant prises deux à deux, donnent une classification véritable et concrète de toute la morale sociale : cette classification, on le comprend, aura un aussi grand nombre de divisions secondaires, qu'il y aura de relations binaires, c'est-à-dire autant qu'il y aura de combinaisons à deux entre ces unités, signifiées par A, B, C, D et E.

Elle en aura ainsi $n+n(n-1)$, ce qui revient à n^2 ; et comme $n=5$, cela fait 25 combinaisons. Voici le tableau de ces vingt cinq espèces de relations sociales, dont les cinq premières alignées indiquent des espèces de relations entre unités semblables, par conséquent des devoirs de A à A, de B à B, de C à C, de D à D et de E à E.

A-A, B-B, C-C, D-D, E-E   Premier genre, cinq espèces.
A-B, B-C, C-D, D-E
B-A, C-B, D-C, E-D   Second genre, huit espèces.

A-C, B-D, A-D
C-A, D-B, D-A | Troisième genre, E exclus, six espèces.

A-E, B-E, C-E
E-A, E-B, E-C | Quatrième genre en E, six expèces.

On voit qu'il y a quatre genres de relations entre ces unités : 1° le genre qui ne comprend que des unités de même ordre, que des relations entre des individus différents de même ordre ; dans ce genre on pourrait distinguer des sous-genres en A ; car on aura A_s-A_o, l'homme sujet vis-à-vis du même homme objet, on aura A'-A', le frère vis-à-vis du frère, A'-A''. le frère vis-à-vis de la sœur, A'-A_1, le fils vis-à-vis du père, etc., et les réciproques A''-A', A_1-A' ; on aura, entre société coloniale ou vassale et société métropole ou suzeraine, un sous-genre E_1-E_2, et E_2-E_1, ainsi que d'autres cas analogues.

Par suite, en tenant compte des sous-genres, on trouverait quarante espèces et plus. Le second genre comprend les relations entre unités qui sont d'ordres consécutifs, entre l'unité d'un ordre et celle de l'ordre immédiatement inférieur ou supérieur, telles que cité et famille, cité et Etat.

Lorsqu'en fait les unités ne jouent pas le même rôle, que les devoirs d'un côté ne sont pas les mêmes que les devoirs de l'autre, les espèces de relations sont doubles : il y a le devoir de la famille, A, vis-à-vis de la cité B, comme le devoir de la cité, B, vis-à-vis de la famille, A, et les droits qui découlent des devoirs. Le troisième genre contient les relations entre unités sociales qui ne sont plus d'ordre consécutif, mais à l'exclusion de celles entre les trois premières unités, individu, famille, cité, et la société directement, ces dernières composant le quatrième genre.

Chaque espèce de relation embrasse plusieurs devoirs en donnant naissance à des cas particuliers variés, à toutes les formes sociales d'action.

Le développement régulier de toutes ces relations d'équilibre moral, de tous les devoirs qu'elles déterminent, serait une distribution, logique et méthodique, bonne pour un gros ouvrage spécial, pour un traité complet de morale sociale ; nous ne l'entreprendrons pas dans un exposé de cent et quelques pages, où nous ne ferons que de remarquer et de choisir les relations saillantes sous certains rapports d'actualité.

III. De l'individu ; équilibre individuel.

Ainsi qu'un équilibre intérieur, lequel a pour objet la conduite de l'individu en lui-même, ainsi peut se concevoir la tâche de la morale individuelle : Quelle conduite l'homme, qui est à la fois son vaisseau, son pilote et sa boussole, doit-il avoir envers lui-même pour assurer son bon équilibre dans la vie humaine et sociale, qui est l'océan, plein de récifs et de courants, où il navigue ? Aussi bien, de cet équilibre intérieur dépendra en partie sa conservation, son perfectionnement, et son bonheur.

Le principe de Socrate : « *connais-toi toi-même* » est une première condition pour assurer cette pondération et pour remédier à ses défauts ; s'observer lui-même constamment, reconnaître sa conscience pour juge, prendre la raison universelle pour flambeau, voilà ce que l'homme doué de réflexion doit faire ; mais s'il doit se connaître, c'est socialement pour se conduire avec sagesse ; comme unité sociale et comme être libre, il est obligé de s'appliquer ensuite ce second précepte : « *conduis-toi toi même* » ; c'est, après le γνῶθι σεαυτόν, la conséquence de l'application de la connaissance morale, c'est le précepte d'initiative. Or, savoir se conduire soi-même, dans certaines circonstances rien n'est plus difficile.

Déjà dans l'homme pris isolément il y a conflit entre plusieurs équilibres, qui chacuns ont leur morale spécifique ; ce sont l'équilibre physique ou physiologique, équilibre du simple animal, — puis l'équilibre émotionnel et affectif de la sensibilité, c'est-à-dire des sentiments et des passions qui s'y rapportent, ressort de l'âme sensitive, — puis enfin l'équilibre intellectuel, celui des idées, des connaissances, et des actes raisonnés, qui est du domaine de l'âme intellective. Sous ces trois aspects, matériel, sensible, et intellectuel, pourront également être considérées la situation de la famille et celle de la société, la vie heureuse dépendant en même temps de chaque.

Il importe d'assurer séparément ces équilibres ; plus encore il importe de les concilier tous les trois sans sacrifier en général l'un à l'autre, quoique l'équilibre physique l'excède en importance sur l'équilibre de la sensibilité, et l'équilibre de l'esprit et de la volonté sur ces deux, tous trois d'ailleurs se complétant, aussi nécessaires que profitables dans la vie sociale, qui exige la paix du cœur, comme la santé physique, comme la paix ou l'ordre de l'âme raisonnable.

Pour la morale du physique, elle consiste principalement dans l'hygiène et dans la médecine, dans la gymnastique, et dans la mesure du travail, elle recommande l'équilibre régulier de l'animal qui est la machine de l'âme, qui est le navire, grâce auquel elle fait ses affaires, et grâce auquel elle joue effectivement son rôle dans la société.

La morale des passions, qui, si elle est la mieux connue, reste toujours la moins spontanément observée et la plus volontairement violée, est de les neutraliser, de leur mettre sans exception un frein, de les empêcher et de les vaincre au-delà des limites convenables, de les soumettre à la raison, par la volonté et par le renoncement, ou de les diriger dans des voies normales, qui sont de bonnes habitudes, qui sont des sentiments généreux et qui sont des activités utiles, cessant ainsi d'être proprement des passions.

C'est pourquoi, il est indispensable que l'homme s'applique dès sa jeunesse à reconnaître les faiblesses de son tempérament, les défauts de son caractère, les impulsions de sa nature et les moyens de ses aptitudes ; il faut qu'il réagisse contre les tendances morbides aussitôt leur début, pour qu'elles ne portent pas le trouble dans ses idées, le désordre dans sa sensibilité, et jusque la maladie dans son corps.

Ce que les individus sont à la société, les monades de l'âme sensitive l'étant à peu près au corps ou aux nerfs, il est nécessaire que *ces esprits animaux* soient absorbés dans leurs fonctions normales, — tout comme il est nécessaire que les ouvriers soient occupés par leurs travaux habituels, où ils trouvent l'exercice et le pain, à défaut de quoi, l'oisiveté ne tarderait pas à en faire des gens égarés et déséquilibrés, se querellant entre eux et nuisibles à la paix publique, même si leur subsistance était assurée.

⁂

Triple est l'équilibre qui doit avoir lieu entre la sensibilité, la volonté, et la raison. Or, heureusement pour l'homme, qui a le choix de sa conduite, sa volonté reconnaîtra et voudra la raison du travail ; heureusement en effet, le travail physique du corps maintient l'équilibre de la sensibilité, car il satisfait le besoin naturel d'agir et de mettre en jeu toutes les fonctions du corps, car il détourne au dehors les activités intérieures, et par là, il empêche les dangereuses exagérations des sentiments et des passions. Si le travail physique des muscles donne ce résultat, cela ne veut point dire que le travail cérébral n'ait pas aussi le même effet ; toutefois le surmenage du cerveau est plus nuisible que celui des muscles.

Dans la communion de la volonté et de la raison, consiste précisément la morale de l'intelligence ; elle commande l'activité de l'être, parce qu'elle est un bien, parce qu'elle réalise la plénitude relative de l'être et qu'elle le conduit à sa fin ; elle prescrit la recherche rationnelle et l'usage rationnel des idées, le choix moral et utile des actes, elle tire profit de l'expérience, elle trace l'ordre de conduite dans la vie courante, et elle donne un but général à l'existence sociale.

Une raisonnable mesure doit établir les parts du corps, du sentiment et de l'esprit pour l'adaptation particulière de chaque individu au milieu social, en d'autres termes, le rapport étroit des trois équilibres doit être réglé en vue de la fonction sociale ; l'adaptation se fera différemment, selon la classe, selon les facultés de la personne, suivant son entourage, et suivant les dons qu'elle a reçus en nature et en biens par la naissance.

Quelle que soit sa position, qu'une personne se préoccupe d'abord, non de son équilibre sensible, mais de son équilibre moral et intellectuel, ensuite de son équilibre physique et matériel — je dis ensuite, à moins d'une urgence absolue, bien entendu ; ces deux choses étant assurées, elle sera capable d'agir pour obtenir la troisième, son équilibre sensible, elle sera toujours assez forte en possession de ses moyens intellectuels et de ses moyens physiques pour supporter les sentiments pénibles et pour réagir contre les passions : au lieu que, si elle n'a pas pour elle la volonté, la raison et la santé, elle sera le jouet des sentiments et des passions, ou elle sera vaincue à cause de sa faiblesse.

La fausse sensibilité, l'excitation perfide des passions, loin d'être de premiers mobiles, sont des mobiles avec lesquels il ne faut pas traiter. Sans doute je vous accorderai qu'il y a des sentiments légitimes, qu'il y a de nobles passions, auxquels il semble juste de faire une part ; encore s'ils ne sont point tempérés, à moins qu'ils soient héroïques et sacrés, il ne faut pas leur faire premièrement leur part ; mais sont-ils tempérés, ils n'ont alors rien de contraire ni à la morale, ni à la raison, ni à la nature même ; tels des sentiments esthétiques qui enjolivent et animent la vie en faisant participer la nature à l'esprit, telles des passions généreuses qui soutiennent les longs efforts en mettant dans le cœur une foi courageuse.

Autant la morale individuelle est prépondérante pour le bien de l'individu, autant, malgré ce caractère particulariste, elle est utile pour le bien de la société ; et c'est même à cause que cette morale concerne spécialement l'individu, qu'elle a une influence qui le dépasse : il n'y a jamais en effet que celui-ci qui soit l'unité fondamentale et réelle en soi de la construction sociale ; sa volonté fait toute la résistance et toute la solidité de l'édifice, il est la pierre qui sert à construire toutes les colonnes, toutes les formes ; si cette pierre se désagrège, comment, ne se tenant pas elle-même, pourra-t-elle supporter des charges ?

Il est juste, comme il est naturel après tout, qu'il cherche en premier lieu à assurer sa propre existence avant celle de la société, et pour cela on ne saurait le taxer d'égoïsme exagéré. Puisqu'il y a à faire la part du moi, il y a un égoïsme légitime dans le bon sens ; n'est-ce pas de l'existence de l'individu que naît et vit la société ? ne faut-il donc pas qu'il réalise son propre équilibre, pour penser, après seulement, à celui de la société et de ses semblables ? en général n'est-il pas nécessaire qu'il conserve d'abord ses forces, ses moyens d'action, pour pouvoir ensuite se rendre utile à sa famille, à ses concitoyens et à son pays ?

Des hommes bien équilibrés, non moins au moral qu'au physique, sont, on en conviendra, les premiers éléments requis pour remplir avec succès les fonctions sociales qui constitueront une société.

C'est successivement, avec les divers âges de la vie, que l'homme fait l'expérience de l'équilibre physique, puis de l'équilibre passionnel, puis de l'équilibre intellectuel, moral, et enfin social, comme l'on peut dire que c'est à travers les diverses époques de son existence qu'un peuple fait l'expérience sociale de vie nationale, comme l'on peut dire que c'est à travers les diverses civilisations que l'humanité fait la grande expérience sociale de la vie du monde.

Petit enfant encore, non autrement que l'animal, il veille instinctivement, et de plus en plus sciemment et volontairement, à son équilibre physique, à un équilibre auquel l'initient rapidement l'expérience des sens, le contact des choses, la douleur et le plaisir, que la nature a posés comme des limites utiles.

En perdant l'instinct, le jeune homme inexpérimenté se laisse entraîner à des excès qu'il regrette quelquefois trop tard, mais il finit par voir forcément l'utilité de la raison et de la morale, lorsqu'il a connu où conduisent leur mépris. L'homme mûr est un conquérant qui doit chercher à conserver ses conquêtes pour en tirer profit. Plus tard, le vieil homme luttera avec l'âge contre les faiblesses héréditaires de sa constitution, il luttera afin de conserver ses facultés, afin de prolonger son équilibre vital. Or la vie de l'homme est une expérience, avec graduations d'obstacles, une expérience qui est rendue de plus en plus difficile, plus difficile à dessein, à mesure que l'âme est de force à subir des épreuves plus sérieuses.

Toute l'existence humaine est une instruction et une éducation pour l'âme. A cette naturelle instruction, l'enseignement public participe d'autant mieux qu'il a plus de valeur éducative, plus de valeur morale et sociale, en même temps qu'il sert ainsi le mieux les intérêts des individus et de la société. Pour ne pas compromettre la santé des nerfs par des excès cérébraux et pour permettre le développement du corps, l'instruction peut se donner aux jeunes gens d'une façon rationnelle, sans à coups ; d'assez bonne heure, elle doit être appropriée aux aptitudes des sujets, elle doit être spécialisée, après les premiers éléments communs à tous ; elle doit se conformer en général à la situation sociale, ouvrir des voies bien déterminées, et surtout, être éminemment pratique pour les classes les moins fortunées, ou seulement un peu aisées.

Ce ne serait pas trop tôt commencer, que de mettre les jeunes gens aux travaux appliqués, dans les premières, les classes les plus pauvres, à l'âge de quinze ans, et dans les secondes à l'âge de dix-huit ans. En principe une période d'assimilation des connaissances, quant à la grande majorité des citoyens, n'est que la préparation nécessaire pour une période d'application pratique des connaissances, l'application matérielle étant le but normal, étant de remplir une fonction, un rôle social productif et rémunérateur.

IV. Du rôle social de l'individu ; du concours de la nature.

C'est une condition de progrès, sinon une nécessité, que tout homme, tant pour son propre bien que pour le bien général, joue un rôle productif dans l'existence sociale; remplir ce rôle est un devoir comme il est un droit dans une société.

Chaque fonction exige d'un individu spécialisé une somme de travail régulier que l'habitude rend plus précis, plus fructueux, plus facile, et plus agréable ; tout travail honnête qui accomplit une fonction, si modeste soit-il, a son utilité aussi certaine pour l'individu que pour l'Etat.

Quel créateur le travail n'est-il pas dans l'ordre social, créateur de la forme, du mouvement, de la pensée même, créateur de toutes les ressources, de toutes les propriétés, de toutes les richesses ! Le droit à la propriété et à tous les genres de biens, n'est-il point à très peu près le droit conquis par le travail ou le droit conservé par le travail ? car si une propriété n'a sa source dans le travail du fils, elle est le fruit du travail du père qui sème pour ses enfants.

Sans cesse la nature travaille, elle emploie à ses travaux, infiniment variés et infiniment échelonnés, tous les êtres dans des mesures différentes, elle y emploie les hommes eux-mêmes, et puis elle répartit entre eux tout ce qu'elle produit ; ainsi les produits naturels, toutes les matières premières, ne sont autres que des avances de la nature, de celle qu'on peut appeler presque sans figure, au sens exact, une mère prévoyante.

Si la nature donne l'exemple du travail à l'homme, si elle le soutient physiquement, peut-être ne le soutient-elle pas moins secrètement en esprit.

Celui qui poursuit avec scrupule un grand rôle auquel il a été appelé, qui le poursuit par devoir et pour le bien général, semble mystérieusement soutenu par l'infiniment grand, invisible quoique réel, et il en a plus souvent le sentiment qu'il ne l'avoue. Cette sage maxime

« Aide-toi, le ciel t'aidera » est peut-être plus véritable et plus profonde qu'on ne la croit. Que la nature, même conçue comme puissance aveugle, nous aide en général, cela est très sûr ; mais une Nature intelligente, — celle que nous concevons essentiellement ici, — peut de plus nous aider en particulier, elle peut seconder avec intention notre effort personnel ; j'ose dire qu'il y a une hiérarchie de directions qui s'étend de la nature sensible à la nature spirituelle, et que cette dernière agit plus sur les âmes que sur les masses. — Qui s'efforce de remplir moralement un rôle considérable pour la destinée spirituelle de l'humanité, doit être soutenu intérieurement par les puissances supérieures des cieux, tandis que celui qui en poursuivant son intérêt propre, ou un intérêt inférieur, renonce à cette tâche, doit être abandonné d'elles, doit être privé de leurs inspirations.

Les poètes et les historiens n'ont pas imaginé absolument à tort, que les grands hommes de l'humanité jouaient des rôles fatals, qui leur étaient assignés par des puissances surhumaines ou par la Providence ; tels ne furent-ils point : les grands conquérants, les grands législateurs, les prophètes et les apôtres de toutes les civilisations ?

Peu d'hommes sont appelés à des destinées extraordinaires ; mais il n'est aucun homme qui dans sa sphère, quelque bornée qu'elle paraisse, ne puisse contribuer au bien général en accomplissant le mieux possible la fonction qui lui est dévolue.

L'édifice social n'est pas construit rien qu'avec des colonnes d'une pièce, il y entre surtout des pierres, ou des prismes rectangulaires, dont la rectitude, faisant la force et la beauté des joints, fait encore plus la cohésion et la durée de l'ensemble.

Quiconque ne se reconnaît point de devoir, quiconque ne veut se donner nulle fonction, quiconque est dénué de tout rôle utile, c'est une pierre disjointe qui ne rentre plus dans le plan de l'édifice social, c'est une personne qui n'est plus dans le chemin du progrès, c'est un individu, qui, s'en allant à la dérive dans le courant de la vie, risque fort de devenir la proie des infiniment petits, comme ces pierres tombées que pourrissent les intempéries.

L'absence de tout travail, en effet, la dispense de toute bonne et saine activité, a d'ordinaire à la longue pour conséquences la démoralisation, sinon la maladie et le gâtisme de l'individu, lequel se trouve livré à des impulsions désordonnées, et peut être conduit finalement à la folie, au suicide, au crime.

La règle morale pratique, concluons-le donc, est que tout homme a besoin d'une occupation sérieuse, tantôt plus utile pour lui, tantôt plus utile pour sa famille, tantôt plus utile pour la société, selon sa situation sociale et selon le but possible de sa vie, aussi longtemps que l'âge ne lui a pas enlevé ses forces vitales. C'est, au reste, que le travail s'impose comme une loi tout à fait générale de la vie, parce que l'équilibre véritable est dans le mouvement ordonné, autrement dit dans le travail, parce que l'immobilité est la mort de tout les êtres organisés.

V. De l'égoïsme et de la charité.

Nous ne jouons pas un rôle social sans que notre intérêt ne se présente vis-à-vis de l'intérêt d'autrui ; il y a une juste mesure que le devoir nous trace entre notre bien et celui de *l'autre.*

La mesure générale, l'évangile nous la donne dans ce sens de réciprocité : *agissez en tout envers les autres de la même façon que vous voulez qu'on agisse envers vous dans des cas semblables, que vous voudriez qu'on agisse envers vous si vous vous trouviez dans leurs situations.*

Il doit y avoir équilibre de bons procédés, et pour cela, encore faut-il qu'il y ait avance de bons procédés autant que possible. Puisque le moi ne se désintéresse pas, un égoïsme partiel subsiste, mais un égoïsme légitime en tant qu'il n'accorde au moi ni plus, ni moins, qu'il n'accorde à l'autre, en tant qu'il a pour principe une équivalence morale telle, qu'elle exclut le mal volontaire.

Cette mesure bien reconnue, serait-il jamais légitime de retenir à autrui ce qui lui est nécessaire pour nous donner du superflu ? Certes non, — l'égoïsme, la question ainsi posée, apparaîtrait comme ne faisant plus la part de l'altruisme, il apparaîtrait de l'injustice, l'injustice du plus fort qui s'arroge la part du lion ; mais l'égoïsme social se complique, la plupart du temps il se retranche derrière des droits abstraits, qui appliqués selon la lettre de la jurisprudence, et nullement selon l'esprit de la justice non écrite, ne tiennent guère compte de la situation des partis et ne sauraient le plus souvent en tenir compte, tout se passant un peu ainsi que dans un jeu, dont le perdant, riche ou pauvre, doit observer les règles.

Le superflu semble être le fruit du travail intelligent et de l'épargne, comme il semble le don de la fortune capricieuse. Or la charité qui est la fraternité active, et plus encore, qui est l'altruisme moral, qui se trouve impliquée en la mesure générale de l'évangile entendue largement, en devenant la dispensatrice du superflu, se montre appelée à rétablir l'équilibre pour le bien commun, présent et à venir.

VI. Charité par le travail.

Faire l'apologie de la charité est moins nécessaire que de chercher quelque moyen de la rendre fructueuse, et de réduire par là sa tâche dans la suite par un certain amortissement de la misère sociale. La meilleure charité, on l'a bien souvent pensé, serait de donner un travail rémunérateur, et non seulement cela, une source continue de travail, à tous ceux qui sont dans le besoin pressant et dans l'inaction forcée. Les vieillards et les malades incapables de travail, cas naturellement nécessaire, ne sont qu'une minorité dans l'armée de la misère, et on songe à eux, on crée des hôpitaux, des maisons de retraite et des caisses de secours ; mais les familles sans travail, quoique valides, et surtout les familles chargées d'enfants, sont dignes d'un intérêt plus grand, parce qu'elles constituent le cas principal de la misère, le cas antisocial, qui n'est pas naturellement nécessaire.

On dira qu'il faut tout espérer des associations mutuelles ; s'il y a profit à associer des ouvriers, il n'y en a pas à associer que des pauvres déjà, à faire des syndicats de gens sans travail.

Le développement excellent des associations mutuelles entre les travailleurs, ne créant pas des sources de travail, ne peut encore parer seul à la misère qui vient d'une pénurie de travail, non d'une irrégularité de travail.

C'est un problème fort difficile à résoudre en grand que l'extinction du paupérisme par le travail, c'est d'ailleurs un problème social de l'intérêt le plus général ; il faut donc que l'Etat y mette la main et qu'il le fasse figurer au budget, il faut qu'il le considère comme celui d'une entreprise qui doit rapporter, qui réclame des avances pour son exploitation, et qui profitera au capital national en accroissant la richesse de la nation.

Pour résoudre ce problème, on doit chercher à employer les pauvres dans les exploitations de l'Etat, dans toutes les industries dont il a le monopole, dans tous les travaux dont il a l'initiative ; telles mesures, la charité privée aidant en détail par des œuvres de travail, par des œuvres de toutes sortes, suffiraient peut-être déjà à éteindre la misère qui naît, à compenser en quelque sorte le débit courant annuel de la misère qui frappe la classe ouvrière ; mais étant donné qu'il subsiste des misères antérieures, un accumulé, un arriéré, il faut avoir recours en outre à un moyen plus radical, à une création de travail ; dans toutes nos colonies, et même encore en France, que de terres incultes qui pourraient produire et nourrir des familles et qui semblent être réservées pour cela ? C'est pourquoi on devrait songer à employer aussi les miséreux à la culture de la terre, *avec la ferme idée qu'on peut réussir, en le voulant comme il faut et en faisant tout ce qu'il faut.* Supposons que cette culture soit organisée par les administrations locales des colonies, et qu'elle doive être organisée comme une de leurs tâches les plus impérieuses et les plus importantes aux yeux de l'Etat.

Lorsque par leur travail salarié, les familles, qui cultiveraient au service de l'Etat, sous la direction agricole et avec la collaboration matérielle des fermiers fonctionnaires, auraient économisé de quoi s'acheter des instruments et de quoi faire face aux frais courants d'une petite ferme, (cette économie pouvant être aidée par une retenue sur le salaire), la colonie leur concéderait quelques terres déjà mises par elles en valeur, elle continuerait seulement à les diriger, écoulant par contre leurs produits et leur donnant diverses facilités. Ces parvenus du travail — il n'est même pas indipensable que tous arrivent à cultiver à leur compte —, les plus prospères donc, pourraient être chargés peu à peu, sur place, de la surveillance administrative des terres et du travail des tâcherons, de la pourvoyance et de la préparation d'un district.

Ainsi, sans faire un projet plus approfondi, on voit comment il y aurait profit mutuel, profit pour la colonie, indirectement pour l'Etat, autant que profit pour les individus, ceux-ci devenant des cultivateurs, ou de petits planteurs indépendants, celle-là développant une colonisation féconde, augmentant la valeur et les revenus de la colonie comme le chiffre d'affaires avec la métropole, et par dessus cela, éteignant le paupérisme, accomplissant un œuvre des plus morales.

Malheureusement en France, les fonctionnaires dirigeants des colonies sont plus préoccupés de réglementer à outrance que de créer ; s'ils désirent même percevoir et récolter, ils ne veulent point prêter, ni semer, ils ne veulent surtout se charger de responsabilités actives. Trop restreint est notre cadre pour que nous nous étendions sur ce sujet, qui comporterait bien des pages.

L'égoïsme systématique de l'individu est dans sa proportion l'indice d'une infériorité morale ; la société pâtit de cet égoïsme ; mais elle pâtit principalement de celui de ses fonctionnaires et de ses parlementaires, qui pourraient prendre tant d'initiatives philanthropiques, s'ils ne craignaient de nuire à leur repos.

Les religions combattent l'égoïsme au nom d'une charité, qui se fonde plutôt sur la miséricorde, sur la pitié, sur l'amour divin, et sur les promesses divines, que sur la raison sociale et sur l'utilité générale ; comment les en blâmer puisqu'elles arrivent aux résultats les plus admirables, prenant les hommes par les moyens les plus accessibles et leur montrant les exemples les plus sublimes ?

Mais la grâce spirituelle inspire un renoncement, que la nature simple ne suggère jamais que par une passion, qui enlève à l'individu le sentiment de ses intérêts habituels et qui le transporte hors de lui-même ; la nature fait toujours briller devant les esprits un intérêt humain, que ce soit l'amour, ou la fortune, ou l'honneur ou la gloire ; elle ne sollicite pas l'acte moral rien que pour lui-même et pour Dieu.

Avec l'égoïsme, qui supprime l'altruisme, avec cet égoïsme non équilibré, il n'y a plus de sacrifices possibles des individus, plus de dévouements réels, et par suite, c'est l'intérêt général qui se trouve sacrifié aux intérêts particuliers, au lieu d'être tout le contraire selon la raison.

Cependant l'égoïsme peut entraîner un singulier sacrifice de l'individu, un sacrifice qui n'est autre que le suicide.

VI. Du suicide.

L'individu qui se suicide, en effet, se refuse à vivre pour la famille et pour la société, il se soustrait même au gouvernement de son corps qui lui paraît trop lourd ou trop pénible ; par une impatience, plus que par une lâcheté de l'âme, souvent il fuit la douleur physique ou psychique.

En vain la société veut persuader humainement l'individu qu'il n'a point le droit de se soustraire à cette vie à cause d'elle, de l'intérêt général il ne fait guère cas, il n'est pas arrêté par l'idée d'abandonner une famille, qui lui est plus chère que la société, il juge que, renonçant à ses droits, il n'a plus de devoirs à remplir, et il oublie sans doute qu'il a encore des dettes.

C'est à tort pourtant, croyons-nous, qu'on essaie d'assimiler le suicide à un crime caractérisé et qu'on le condamne en général avec autant de sévérité ; nul homme ne se suiciderait de son propre mouvement, si les influences de la Nature ne le poussaient à se détruire; sans de telles suggestions il ne passerait pas de l'idée à l'acte, et d'ailleurs l'acte non permis n'aurait pas de suite effective.

Qui alors a le droit de juger strictement la responsabilité morale du suicidé, sans connaître les sentiments qui le dominent, et sans savoir quels efforts il lui faudrait pour y résister, abandonné à lui-même ? S'il avait été mieux soutenu par la société, s'il avait été aimé ou compris de ses semblables, si ayant vu s'anéantir son espérance, il avait conservé quelque autre but, peut-être n'aurait-il pas rompu avec une existence moins vide ; il ne l'a quittée que, parce qu'il était convaincu qu'elle était vide, ou qu'elle était perdue sans espoir.

Quelquefois, c'est la Nature qui se sert de l'idée du suicide pour retirer un homme de la vie, en exerçant sur lui une pression morbide qui n'est pas équilibrée.

Quoi qu'il en soit de ce cas, ce n'est jamais la raison qui conduit l'homme à mettre fin à ses jours, c'est la passion et c'est le sentiment qui se substituent à la raison avec une logique dont les prémisses sont fausses.

D'où il suit, que la raison pure et la raison morale ont pouvoir et qualité pour détourner quiconque du suicide, en lui en montrant le désavantage et l'inutilité aussi bien que l'erreur évidente.

Il n'y a pas de mérite sans peine et sans lutte ; l'effort pénible, la peine, la douleur, voilà la véritable contribution finale des âmes humaines, qui détermine pour une autre vie, sinon pour celle-ci, leur droit au bonheur. Aussi le Christ a-t-il dit « Bienheureux ceux qui souffrent parce qu'ils seront consolés ! ». — Se refuser à porter la charge, c'est renoncer à la récompense, comme refuser le combat, c'est renoncer à la victoire.

Rien ne gagne l'homme malheureux à se dérober par une mort volontaire aux épreuves les plus pénibles de la vie ; d'abord, la plupart du temps, ces épreuves sont bien plus subjectives que réelles, bien plus courtes qu'elles ne sont imaginées ; le temps, qui ne s'arrête pas, change toutes les situations de l'âme en changeant tous ses sentiments ; ces sentiments, ces états de conscience, sont fantômes qui passent, qui ont toujours d'autres visages, tantôt souriants, tantôt pleurants, tantôt chantants, tantôt sombres.

Mortels, nous ne sommes pas soumis à des épreuves au-dessus de nos forces d'âme, sinon la mort en est la conséquence fatale sans qu'il soit besoin de la chercher ; or les épreuves de la vie sont autant de barrières qu'il y a du mérite à franchir, elles sont autant de conditions de notre progrès spirituel, et même de notre progrès pratique ; après l'épreuve vient l'heure du repos.

Mortels, nous avons d'ailleurs mérité ces épreuves sensibles, par un passé, par une vie antérieure, dont le souvenir en serait une trop lourde, qui nous est épargnée ; à ces épreuves du destin, c'est bien en vain que nous croirions échapper par la rupture de nos chaînes ; elles ne seraient que reportées en une nouvelle existence, et en plus avec la peine du recommencement ; ainsi, en vain le collégien s'échappe, après une sévère admonestation il est remis dans une autre école ; ainsi, en vain le cheval se refuse à sauter l'obstacle, l'écuyer fait volte en arrière et l'y ramène jusqu'à ce qu'il l'ait franchi de gré ou de force.

Qu'une sensibilité trop aiguisée n'ait pour l'équilibrer, d'une part qu'une pondération physique trop faible, et d'autre part, qu'une raison personnelle amorale, athée ou irreligieuse, puis qu'accidentellement la santé du sujet se trouve changée en un état nerveux anormal, chez lui une émotion pénible prendra des proportions tellement exagérées par cet état, que cela suffira pour le déterminer brusquement au suicide. Un tel déséquilibre mental, trompant le sujet sur sa situation réelle, atténue sans doute énormément la responsabilité de son acte.

VIII. De la famille.

Après avoir considéré l'individu vis-à-vis de lui-même, considérons-le vis-à-vis des autres, et d'abord donc dans la famille.

Première unité sociale composée, premier groupe social, la famille forme le germe, encore plus excellent que nécessaire, demeure le noyau de tout groupe social et de toute société, la société universelle des âmes n'étant, si l'on veut, qu'une éternelle famille, immensément composée et diversifiée, dont Dieu est le chef immuable comme il en est le Père suprême.

De la qualité et de la solidité de la famille dépendront en grande partie, et ce n'est pas assez dire, dépendront presque complètement, la qualité et la solidité de la société, de laquelle elle est l'élément essentiel, l'idée la plus constitutive, la réduction en principe.

Les membres de la famille, surtout pour ce qui est de ceux qui composent la famille directe, le père, la mère, les enfants et les aïeux, se trouvent étroitement unis par les liens naturels et sociaux les plus forts et les plus doux, ils sont unis par des rapprochements de nature, par l'amour, par l'amitié, par le sentiment, ils sont unis par le devoir, par le droit et par les intérêts, ils sont unis par les habitudes domestiques, par la communauté de vie, et par l'intimité qui vient de la connaissance de leurs individualités, qui se fortifie par le partage de leurs aspirations et de leurs devenirs.

La base fondamentale de la famille, le lien assez puissant pour la conserver en même temps qu'assez sûr pour la fonder, est assurément le mariage ; tout ce qui tend donc à affaiblir ce lien, affaiblit la famille, et par suite compromet la société dans ses premiers ressorts. En dehors du mariage durable, il n'y a plus de famille permanente, et en dehors de la famille permanente, nulle bonne société ne saurait subsister longtemps, si ce n'est peut-être, tout au plus, comme un militarisme sexué, conservé par des forces coërcitives sévères.

Si autrement, les hommes et les femmes étaient séparés en communautés constamment isolées, encore que la société entière doive s'éteindre avec les individus des deux séries de communauté, les existences des individus ainsi assemblés, sans communion de sexe, seraient possibles, l'ont été et le sont, seulement grâce à une forte moralité, mais comme des existences privées de joies naturelles, où l'ataraxie est l'unique aspiration réalisable.

Il ne reste à concevoir, en troisième lieu, que des individus isolés, des solitaires, ne se reproduisant pas, ne communiquant entre eux que strictement pour échanger les objets nécessaires à la vie. Les séparations, soit des sexes, soit des individus, ne sauraient être posées, bien entendu, que comme des formes exceptionnelles, non comme des formes sociales générales.

Jamais l'humanité n'aurait intégralement à la fois la volonté et la persévérance suffisantes pour renoncer à la reproduction, pour se suicider légalement par un renoncement si sublime.

S'il est facile à l'homme de vivre en famille et en compagnie, quoi de plus difficile pour lui que de vivre longtemps absolument seul, en dehors de toute relation amicale et de toute union, dans toute la rigueur du cas; un très petit nombre d'hommes s'en montreraient capables durant des années sans aboutir au marasme, à l'abrutissement, beaucoup plus ne résisteraient pas à la folie, au suicide et au crime même. Aussi, la prison cellulaire, qui ne comporte que la liberté en moins, est-elle, on le sait, la peine la plus sévère et la moins bien supportée, et cela, cependant en général par des sujets, qui sont des types d'une sensibilité inférieure, au-dessous de la moyenne.

Lorsque des hommes n'ont pour but dans la vie, ni l'avenir et l'entretien de leur famille, ni la fortune d'une affaire productive, ni la réussite d'une carrière qui a son profit pratique, ou qui leur vaut des relations et des honneurs, lorsqu'ils ne sont point soutenus par des choses matérielles, par des concours, par des affections, lorsqu'ils ne travaillent, avec une bien lointaine ambition, que pour la patrie, que pour la science, que pour l'humanité, que pour les âmes, il faut certainement que de très grandes et solides pensées les soutiennent, seuls dans leur idéal toujours voulu et poursuivi. Mais dans le complet isolement, où ils ne manquent pas de se sentir, ces hautes pensées ne les soutenant pas sans cesse, oubliés ou dédaignés du monde, malades ou fatigués parfois, il leur faut non moins une grande force d'âme pour persévérer dans une voie si aride et si déserte, et ils ne triomphent des découragements solitaires qu'à force de foi et d'espérance.

Plus aisée et plus humaine s'offre la voie normale de l'existence commune et du mariage, plus aisément les efforts trouvent leur récompense et récoltent leurs fruits dans la vie familiale. L'amour honnête, que le mariage donne, et toutes les espérances de famille, qu'il découvre, réconfortent le cœur de l'homme et obtiennent de lui des énergies, dont il serait en général incapable en dehors de ces liens. Sitôt père, l'homme travaille avec plus d'efforts et plus de suite pour ses enfants que pour lui, faisant des sacrifices sur ses habitudes coûteuses pour subvenir aux besoins d'une famille toujours croissante, et épargnant même pour son avenir. De son côté, la mère sacrifie les futilités de prix, renonce aux plaisirs mondains pour se consacrer amoureusement à sa progéniture charmante, qui réclame tant de soins délicats, s'ingéniant elle aussi à faire un meilleur emploi de son budget, et augmentant ainsi par l'économie intérieure le gain ou le revenu du père.

IX. De l'enfance.

Aux parents, il appartient de bien comprendre toute l'importance qu'a la première éducation, celle de l'enfance ; si le développement physique des premières années influe sur la constitution de l'adolescent, le développement moral et psychologique du petit enfant n'est pas moins important pour la suite ; dès le début, sans faiblesses indulgentes comme sans violences irraisonnées, les tendances mauvaises doivent être réprimées, déjà avant l'apparition du langage les cris injustifiés doivent demeurer peines perdues, n'étant que des manifestations d'impatience, d'entêtement et de rage, qu'il est bon à tout prix de décourager.

Avant d'être déterminée dans ses habitudes, l'âme sensitive du petit enfant est encore malléable, malléable en quelque sorte comme le sont les os de son corps, comme le sont les branches du jeune arbre ; un peu plus tard, au contraire, cette sensibilité a pris sa forme habituelle, c'est-à-dire que le caractère et le tempérament de l'enfant se sont fixés davantage. Lorsque le jeune homme a acquis l'usage de sa raison, le temps n'est plus de modifier profondément ses processus, tant mental que physique, ou du moins, cela devient très difficile ; c'est qu'en effet l'esprit pur doit lutter alors avec des puissances qui ont installé leurs empires, tel un roi qui a reçu une constitution et qui a accepté des lois que l'usage a consacrées.

Quant à l'hygiène, le défaut des mesures hygiéniques rend l'enfant sujet aux refroidissements et aux inflammations, et par là, les germes nuisibles s'introduisant et se développant dans l'organisme, ce défaut le rend attaquable par diverses maladies. Or, mieux vaut prévenir la maladie que la combattre quand elle est venue.

De bonne heure, selon le même principe, il importe de réagir contre les faiblesses constitutionnelles du corps et surtout des nerfs, par des régimes appropriés ; on sait que le petit enfant a besoin de beaucoup de sommeil, que les veilles et que les excitations prolongées lui sont funestes.

Mais il n'y a pas à s'occuper que de l'hygiène physique : non moins négligeables seront une hygiène mentale et une hygiène morale qui ressortent de l'instruction et de l'éducation. Que si le caractère dépend naturellement du tempérament, ce qui revient à dire de l'équilibre physiologique des nerfs, néanmoins l'éducation et l'instruction ne sont pas impuissantes à le modifier heureusement en le réglant par l'influence de la volonté ; la pondération, qui s'acquiert par la bonne éducation, détourne, ou neutralise, l'impulsion naturelle en la soumettant à la volonté dès qu'elle apparaît ; la raison, qui se développe par l'instruction, oppose le raisonnement à l'instinct et au sentiment subconscient.

Bref, la stabilité physique et morale procure à l'individu une santé solide de corps et d'esprit, tant par le balancement de l'influence des nerfs et de celle du sang que par la régulation de l'esprit sur les sens, elle a pour effet d'empêcher la sensibilité de devenir exagérée ou obtuse, de se pervertir par excès ou défaut, elle a pour effet enfin de maintenir l'émotion et l'action dans les bonnes limites que la raison autorise et que la vie sociale réclame.

X. Des relations mutuelles dans la famille ou des fonctions familiales.

Précédant toutes les relations mutuelles qui vont découler de lui, étant la condition première de toutes les fonctions familiales, le mariage offre l'exemple touchant de la fusion de deux mondes, de la communion de deux natures faites l'une pour l'autre, qui doivent en s'identifiant se compléter au physique et au moral. C'est à divers points de vue une conciliation des contraires : il faut que chacun des époux renonce quelque peu à sa propre individualité pour revêtir celle de l'autre ; ce renoncement mutuel, l'amour le rend désirable et doux, en même temps que la raison pratique le montre profitable et nécessaire. La maternité, ou la paternité, est un second renoncement en faveur des enfants, qui sont le fruit de l'union, et sont le troisième terme résultant de l'identité naturelle des deux premiers.

Dès lors, de cette fusion et de cette multiplication de deux existences, qui, seulement ensemble, constituent l'idée organique de l'homme complet, capable de se perpétuer, naissent simultanément de nombreuses relations à la fois morales et sociales : relations du mari et de la femme entre eux, relations des père, mère, et enfants, relations entre les enfants, frères et sœurs, relations avec les grands parents et avec les parents collatéraux, et relations des alliés entre eux ainsi que des familles entre elles.

Grâce à toutes ces relations, une petite société se forme

déjà sur la base de la famille multiple, qui garde son unité avec ses ancêtres ; ces relations diverses se traduisent par des fonctions domestiques, par lesquelles est assuré le fonctionnement de la famille, son existence, son bien-être, son avenir, chacune des fonctions impliquant ses conditions, ses droits comme ses devoirs particuliers, un droit procédant d'un devoir accompli à peu près ainsi qu'une réaction procède d'une action. Que le mari remplisse des devoirs vis-à-vis de la femme, ces devoirs ne sont pas sans lui conférer des droits, et il en est de même de l'épouse vis-à-vis de l'époux. Le code ne s'applique guère qu'à sanctionner ces droits moraux, et à les invoquer quand ils sont méconnus.

Devoirs communs à l'époux et à l'épouse sont la sincérité, la fidélité, le dévouement, la complaisance, la participation ; qu'ils soient remplis, déjà dans le ménage ils suffiront à entretenir la paix, la bonne entente, l'harmonie, et l'affection à défaut de passion plus vive. Comme dans toutes les relations la bonne foi est ce qu'il y a de plus indispensable, la bonne foi conjugale est de première importance ; c'est à peine si l'infidélité de la femme peut trouver des circonstances atténuantes dans celle du mari ; comment le tort de l'un se légitimerait-il vraiment par le tort de l'autre ?

De plus pour ce qui est de la femme, ayant une nature passive par rapport à celle de l'homme, ayant son équilibre physiologique assuré d'une façon spontanée et régulière, elle n'a pas de prétexte naturel pour excuser une infidélité qui, ne correspondant ainsi qu'à un besoin factice, qu'à un caprice vicieux, entraîne de graves et durables conséquences.

Tandis que dans le mariage, le mari représente la direction, la protection, l'initiative, le courage et la volonté, tandis qu'il s'occupe spécialement des choses extérieures, la femme s'occupe des choses intérieures, elle représente les vertus complémentaires, la patience, la résignation, le sentiment, l'amabilité, l'ordre, l'économie, le premier, être plus actif, étant le soutien nécessaire de la famille, et la seconde, être plus passif, en étant l'ornement utile.

Pour la même raison, que le droit découle du devoir, les devoirs que le père et la mère remplissent à l'égard de leurs enfants leur donnent des droits sur eux. Les parents, procurant à leurs enfants après l'existence, la subsistance et l'entretien, l'instruction et l'éducation, leur accordant l'affection et la protection, continuant plus tard à les aider, à les diriger et à les conseiller, de tout cela il résulte, que ceux-ci leur doivent en premier lieu, l'amour, la confiance, et l'obéissance, en second lieu, la reconnaissance, la consultation, le respect, et l'assistance après même qu'ils ont atteint leur majorité.

Choses banales, il faut pourtant les rappeler à leur juste place.

La nature par les parents a établi les liens les plus étroits entre les frères, entre les sœurs, entre frère et sœur ; aînés qui ont participé aux devoirs des parents, les grands frères et les grandes sœurs participent aussi à leurs droits sur les petits, quoiqu'à un moindre degré et moins longtemps ; ce sont eux qui se trouvent appelés à suppléer les parents, lorsque la mort les ravit, malheureusement trop tôt, à la famille. La fraternité véritable consistant dans la généreuse réciprocité, dans la tendresse et dans l'amitié, dans la solidarité et dans l'abnégation, les frères doivent s'entraider, ils doivent se prêter, les plus forts aux plus faibles, tant des concours matériels que des concours intellectuels et moraux, il doivent veiller à l'honneur de la famille, en conserver et en perpétuer l'esprit, pour cela, se fréquenter souvent, lorsqu'ils ont quitté le toit paternel et après que les parents ne sont plus, quelles que soient leurs différences de position et de fortune.

Connues et estimées pour leur belle union, les grandes familles ne sont-elles pas celles qui réussissent le mieux dans la société et qui lui sont le plus utiles à la fois ? Leurs membres trouvent le bonheur dans les cent liens qui continuent à les associer par intérêt et par amour, qui, ne les laissant jamais isolés dans la lutte âpre de la société, leur rendent la vie non moins agréable que facile.

Outre ses membres unis par le sang et ceux reliés par les alliances, encore la famille peut comprendre des personnes relativement étrangères, d'autres origines, soit des enfants qu'elle a adoptés et qu'elle s'est assimilés, soit des domestiques, qui sont annexés à la famille et qui lui restent fidèlement attachés ; des premiers, lesquels sont des cas très particuliers, nous nous contenterons de dire qu'ils sont liés à leurs bienfaiteurs comme des fils à leurs pères, si ce n'est plus, étant pris pour fils grâce à un acte de spontanéité et de dévouement gratuit ; les seconds ont des devoirs envers leurs maîtres et envers la famille comme la famille et leurs maîtres en ont envers eux.

La plupart des morales sociales négligeant de mentionner ces relations des domestiques et des maîtres, il n'est pas inutile de les résumer : à leurs maîtres, ces serviteurs doivent l'obéissance exacte quant aux ordres qui sont relatifs à leur service, la soumission dans ce service, le respect et la discrétion, et l'honnêteté la plus scrupuleuse dans les charges qu'on leur remet ; au surplus, la confiance, le dévouement, la constance, qu'ils témoignent à des maîtres indique une estime réciproque qui n'est pas moins à l'éloge des uns que des autres. De leur côté les maîtres ont pour devoir de se montrer bons, condescendants, affables, et corrects vis-à-vis de leurs domestiques, devant remplir, bien entendu, à leur égard tous leurs engagements d'une façon parfaite ; mais ce n'est peut-être pas toujours encore assez ; si l'intérêt commande aux parents de surveiller leur conduite au dedans et au dehors de la maison, tant et plus pour les enfants qui sont confiés à leurs soins, que pour le bien du service et pour leur propre bien à eux, il est désirable que les serviteurs soient assez dignes de confiance, pour qu'on leur laisse quelque liberté d'action, et pour qu'on n'observe pas vis-à-vis d'eux une réserve trop silencieuse et trop glaciale.

Ni leur état de santé, ni même leurs états de cœur et d'esprit ne sauraient demeurer indifférents à de bons maîtres. Toute leur vie s'écoule dans la famille, et c'est pourquoi le maître ne saurait traiter son domestique comme un employé, lequel a son intérieur, encore moins ne saurait-il le traiter d'une façon toute militaire ; qu'il se préoccupe donc que le domestique ne se trouve pas isolé en son service, ainsi qu'un étranger dans un hôtel.

S'il faut choisir avec soin les domestiques, ne prendre que des personnes d'une moralité non douteuse, quand on les a bien choisis, il importe de savoir les garder en leur faisant une existence d'êtres sensibles, et non une existence de machines.

Comme c'est difficile de faire constamment la volonté des autres, un bon domestique ne manque pas de valeur morale et ne laisse pas d'être un homme fort utile à la société.

Autrement que des domestiques par leurs maîtres doivent être traités des employés par leurs patrons, et autrement que des domestiques et que des employés doivent être traités des ouvriers par leurs patrons. Les employés, étant plus ou moins les collaborateurs du patron, celui-ci échange avec eux des paroles de politesse, reçoit leurs idées, leur fait un accueil bienveillant ; au contraire, il évite de discuter avec les ouvriers et de converser avec eux de choses étrangères au travail ; la condescendance familière du patron ou du directeur ne serait prise souvent par ses ouvriers, sauf dans des occasions exceptionnelles, que pour une bonhomie qui affaiblirait son autorité et qui leur permettrait des licences, l'ouvrier sachant qu'à l'atelier il ne doit s'agir que du travail et s'accommodant d'une discipline juste, qui a quelque chose de militaire, mais avec moins de raideur et avec plus de liberté intelligente.

Rien d'ailleurs n'empêche le patron en dehors du travail de s'intéresser à ses ouvriers et de s'occuper charitablement de leurs familles.

Les rapports de bienveillance et de charité sont capables d'associer en quelque sorte les employés et les ouvriers à la famille du maître.

Le sentiment de charité se développe le plus naturellement dans la grande famille ; aisément la générosité sympathique s'y transforme en secours charitable déguisé. Du reste la charité trouve des fondements rationnels directs dans l'équilibre d'une grande famille : les familles nombreuses ne sont les plus fortes qu'en conservant leur cohésion, qu'en veillant à leur intérêt général ; tel membre, ou tel couple, ne fournit rien maintenant, qui a fourni autrefois sa coopération, ou qui la fournira plus tard ; chacun à son tour peut être malheureux, celui qui secourt aujourd'hui pourra à son tour avoir besoin d'être secouru demain, soit par suite d'un accident de fortune, soit par suite d'une perte de santé ou de cœur, et il le méritera d'autant que le devoir charitable qu'il a rempli lui y a donné plus de droit.

Ce qui fait déjà de la famille composée, embrassant plusieurs couples et plusieurs générations adultes, un système vivant et social, c'est cette harmonie morale ininterrompue entre tous ses membres, qui est entretenue malgré tout par les réunions mensuelles de famille, et principalement, grâce aux grands parents.

Aussi n'est-il point rare que la perte d'un des aïeux n'apporte dans la famille, dont il est le centre et le chef, une perturbation profonde, une séparation des collatéraux ; si quelque ancien, quelque oncle, ayant une situation suffisante, ne lui succède dans sa fonction de chef de famille, ne reprenne son rôle d'arbitre, de conciliateur, et de centre, en réunissant de temps à autres chez lui, avec une autorité aimable que son hospitalité fait accepter, tous les parents au second degré, s'il ne fait ainsi revivre annuellement les idées de famille générale, il est à craindre que la famille composée ne tende malheureusement à s'éparpiller et à se diviser, les cousins se perdant bientôt de vue.

Après la morale de chaque unité de la famille vis-à-vis de chacune des autres, le développement d'une éthique sociale pourrait considérer la morale de chaque membre vis-à-vis de la famille entière, vis-à-vis d'une famille germaine, et la morale des familles alliées entre elles.

Les convenances et les coutumes résulteraient ensuite des droits et des devoirs plus directs, qui se sont atténués, tant avec l'éloignement de la parenté qu'avec la rareté des relations (1).

(1) Ici, notre objet n'est pas de retracer en détail la genèse des diverses formes sociales (ce qui a déjà été fait, notamment par H. Spencer), c'est principalement de constater l'état actuel, les formes de la société contemporaine, pour en dégager la raison et la morale.

CHAPITRE III

MORALE SOCIALE : DE L'ÉTAT

I. L'équilibre de la cité.

Sous certaines conditions, l'accroissement local de la famille engendre la tribu, puis la cité, sous des conditions, qui évidemment avec les pays peuplés n'ont plus lieu en général de se reproduire aujourd'hui comme autrefois, mais qui cependant se produisent encore dans les colonies naissantes, dans les pays à peupler.

Une des premières conditions est la fixation au sol natal par la propriété, la fixation par l'exploitation agricole ou industrielle de la terre ; or, la vie moderne a singulièrement diminué cette fixation régionale, par la facilité des communications comme par la rapidité des transports et par l'extension des échanges ; au contraire de jadis, les enfants en ce siècle se répandent dans une grande province, se dispersent à travers un état plus étendu, sinon à travers le monde civilisé, ils s'établissent là où ils font leurs affaires, là où ils exercent leurs fonctions, et ils ne reviennent pas toujours à leurs clochers.

Les liens de famille à l'origine plus matériels, sont devenus alors plus idéaux, se traduisant par des échanges de lettres.

Primitivement donc, le mode normal de formation de la tribu et de la cité était la multiplication de la famille en raison de l'activité et de la capacité de son chef ; ainsi, on a conservé la mémoire de familles remarquables, qui ne comprenaient pas moins de trois à quatre cents membres, enfants, petits-enfants, arrière-petits-enfants et femmes, domestiques en plus, ayant à leur tête un seul et unique patriarche, chef d'une véritable tribu, dont la parole était respectée et reconnue de tous. Dans une famille si développée qu'elle devient une tribu, les fils les plus capables du patriarche constituaient un conseil de famille, qui était celui de la tribu naissante, qui était le conseil administratif de la petite cité, que ne tardaient pas à former ses âmes en se fixant dans un petit pays.

Plus souvent la tribu a pu naître d'un groupement de familles différentes, quoique de même nationalité ou de même langue.

Entre un chef de tribu, ou de colonisation pour le dernier cas, et un maire, entre un conseil de la tribu, soit de la petite colonie, et un conseil municipal, il y a une analogie presque parfaite de fonctions. Bientôt l'administration rudimentaire, qui n'a pas encore de règlements écrits, se complique naturellement et progressivement avec le développement de la bourgade, laquelle en devenant cité proprement dite, ville, nécessite des services spéciaux, réclame des prescriptions et des contributions régulières. Que les citoyens découvrent sous le soc de la charrue de grandes valeurs minières, ils coopèreront à l'exploitation de ces richesses, ils se syndiqueront sous la forme collective anonyme, manquant de bras, ils attireront des étrangers ou des indigènes, et en même temps ils changeront leurs produits bruts contre des produits fabriqués qui leur font défaut.

En passant par dessus toutes les transitions séculaires, pour ne plus parler que de l'époque actuelle et contemporaine, en sautant de l'exploitation pastorale et agricole à l'exploitation coloniale et industrielle, nous passons d'un développement social plus antique à un développement social plus moderne. Sans traverser tous les états de transition qui ont créé lentement les formes sociales, les colons empruntent directement à la civilisation ses dernières créations, ils font venir de l'outillage et ils appellent des hommes techniques ; grâce à la richesse du sol, plus encore grâce à celle du sous-sol, des émigrants viennent affluer, comme par exemple on en a le spectacle en ce moment dans les pays de l'or : au Transvaal et au Klondyke ; et l'accroissement de la colonie se produit alors avec une surprenante rapidité.

La ville moderne s'ébauche avec fièvre à proximité du centre industriel, les premières bâtisses provisoires, en bois mal équarris, font place à des édifices durables en briques et en pierre, bien alignés suivant un plan d'ensemble ; complétant ce plan matériel, on prévoit des organisations urbaines, qui sont copiées en partie sur les administrations des vieux Etats, mais qui sont adaptées avec simplicité à la situation. Avec autonomie, la cité nouvelle se développe, équilibrant au fur et à mesure ses dépenses et ses ressources, ordonnant graduellement les services publics, établissant des voies de communication et des chemins de fer, installant une police et une juridiction permanente.

Mais une colonie si prospère ne tarde guère à attirer

les convoitises des voisins, ou celles des Etats qui possèdent des colonies voisines ; les menaces, les tentatives des étrangers inquiètent ses habitants, qui, nés sur le sol, s'en regardent à bien juste titre comme les propriétaires véritables ; par suite ils se liguent et ils s'arment pour la défense du territoire.

Le sentiment de la patrie, favorable à l'unité nationale, se développe avec le danger qui menace la cité et ses dépendances ; les incursions sur le territoire sont repoussées et des postes sont établis sur les frontières.

Le devoir de ceux qui sont aptes à porter les armes sera de défendre l'Etat contre l'ennemi, mais en revanche leur droit sera d'être anoblis, d'être payés, d'être entretenus sur le pied de guerre par la Cité.

La petite nation, que des circonstances de ce genre ont contribué à organiser, se résume dans une cité déjà considérable, capitale à laquelle se rattachent divers établissements sociaux, villes, bourgades, fermes, usines, comptoirs ; il s'en suit que son gouvernement se borne, à peu de chose près, à être celui d'une ville libre, dans laquelle le chef d'Etat est une sorte de maire-président, assisté de conseils et d'administrations, dont les fonctions ne sont pas strictement limitées à l'origine.

II. Des cités modernes.

Si de cette cité en évolution, nous nous reportons à une cité qui compte une longue existence, et qui, englobée dans un grand Etat, au lieu d'être une ville libre est une ville subordonnée, nous y verrons un régime plus stable, des institutions très différenciées, des modes et des coutumes enracinées, des fonctions tout a fait définies, un équilibre entièrement achevé et déterminé, lequel enchaîne toutes les relations dans des règlements, dans des lois, et dans des usages presque invariables. C'est là une ville qui est arrivée à l'état parfait, elle peut garder son caractère et sa physionomie pendant des siècles, conservant ses traditions en de vieilles familles typiques qui se sont spécialisées, ne devant se modifier brusquement que par suite de circonstances particulières qui multiplient sa population. Une industrie nouvelle permettra par exemple de nourrir de nouveaux habitants et elle déterminera la construction de quartiers neufs ; une installation d'un port maritime ou canalisé, celle d'un chemin de fer, seront des causes de progrès ou de transformation, elles amèneront au moins un déplacement de la ville, soit vers la gare, soit vers la mer, soit vers le canal. D'autres causes de transformation, sinon de progrès, consisteront dans la fondation de facultés, ou de grandes écoles, lesquelles attireront une population d'étudiants, elles consisteront dans la création de casernes, ou de forteresses, lesquelles recevront des troupes supplémentaires.

Chose des plus remarquables pour l'histoire sociale, le siècle qui va finir, l'année prochaine même, a contemplé par exception de très profondes transformations des grandes villes, non moins qu'il a contemplé les créations, intensives et de toutes pièces, de villes considérables, totalement nouvelles ; que de progrès n'a-t-il point vus en même temps, dont ceux des villes sont solidaires !

La Révolution française, explosion de tendances et d'idées couvées bien avant, cette Révolution si importante, ayant préparé un terrain social plus libre et plus vaste, les lois et les mœurs par elle s'étant élargis, le trouble qui l'a suivie s'étant dissipé après une génération, un prodigieux développement économique s'est produit alors, un développement extensif et intensif, de l'industrie, qui était un exemple inconnu il y a soixante et quelques années, a entraîné à flots, dans les grandes villes, les populations des campagnes ; moyens d'invasion, les chemins de fer multipliés ont facilité l'exode des populations vers les grands centres, où la vie s'offre plus brillante, plus variée, plus séduisante, mais aussi moins pure, moins saine, moins facile aux isolés et aux miséreux.

Un nouvel équilibre de la société a dû naturellement amener un nouvel équilibre des populations ; l'équilibre du travail n'était non plus le même ; c'est à l'industrie et c'est à la science que sont le plus redevables ces changements accomplis. Depuis trente ans surtout, les divers moyens de communication, tels que le télégraphe, le téléphone, les divers moyens de transport, tels que les chemins de fer locaux et les grands express, les tramways mécaniques et électriques, les cycles et les automobiles, et sur l'eau, les vapeurs rapides, ont rapproché énormément tant les personnes que les villes et les communes, ils ont contribué puissamment à mélanger et à fondre ensemble les habitants, qui restaient jadis fixés dans des arrondissements ou dans des régions étroites.

En ce moment, c'est à remarquer sans jeu de mot, le monde humain marche vite, plus vite qu'il n'a encore marché, il marche déjà comme si ses jours étaient comptés sur terre, et comme s'il n'avait que le temps à peine d'achever son évolution ; la terre en effet, devenue prodigue, n'épargne plus pour le lendemain, elle ouvre à l'homme toutes les dernières réserves qu'elle avait faites, absolument comme si elle n'avait plus désormais à prévoir son long avenir, et comme si, après son apogée, elle escomptait déjà sa fin.

Quelle conclusion morale faut-il tirer de cette évolution moderne, qui est sans précédent vraiment identique et vraiment comparable ? Quoique sous quelques aspects elle ait été démoralisatrice, ayant eu pour conséquences la dissolution des familles, le dépeuplement des campagnes, l'altération des mœurs simples et l'affaiblissement de l'autorité, néanmoins elle a été profitable en beaucoup de choses aux masses, profitable aux sociétés, aux nations, à l'humanité entière ; la fusion des races, celle des races locales et celle des races nationales, a un résultat excellent : elle renouvelle par le croisement les constitutions des individus, elle détermine des types pondérés comme des individualités originales, elle met en valeur des énergies latentes immobilisées, elle multiplie les idées et les activités sociales, elle suscite de plus grandes concurrences et de plus grands efforts, elle rapproche les hommes différents dans des sentiments communs, et elle réalise des nationalités véritables.

La diffusion des individus a pour corrollaire la diffusion des idées ; faisant participer tous les citoyens au même mouvement, et quelquefois tous les hommes civilisés, tendant à réaliser une seule société civilisée qui absorbera tous les peuples de l'humanité et qui fera réellement être une humanité, dont l'unité est encore idéale, *la diffusion instantanée des nouvelles et des idées* maintient en permanence l'unité consciente de l'esprit national et elle associe les divers esprits nationaux.

Pour ce qui est de cette concentration excessive dans les grandes villes, laquelle en se continuant aurait de graves inconvénients, on peut espérer que ce phénomène social ne tardera guère à être suivi d'un phénomène inverse, d'un courant contraire ; comme par une vertu de l'équilibre, en général l'action est suivie de la réaction, qui, non symétrique en qualité, est à la fois semblable et différente. Or cette réaction salutaire, ce courant social excentrique, se montre déjà, soit pour certaines villes, soit pour certains pays.

Les chemins de fer métropolitains et suburbains ont pour effet de permettre aux citoyens d'habiter en dehors des murs de la grande ville et de rayonner dans les campagnes. Ces rayonnements ne représentent encore que des réactions peu étendues.

C'est dans des courants d'émigration, comme on en voit en Allemagne (1) et en Angleterre, que se reconnaît le grand phénomène de réaction ; les habitants trop serrés, ne trouvant plus de ressources suffisantes dans les villes, émigrent vers les terres libres, ils retournent à l'exploitation première et à la charrue ; ce n'est plus, il est vrai, au village qu'ils retournent, au village qui pour leurs ancêtres était à quelques journées de marche, mais ils s'en vont vers le sol vierge qui n'est encore qu'à quelques journées, journées d'express, de locomotives et de

(1) En 1891, le chiffre des émigrants allemands a atteint un maximun, 221.000, soit 425 émigrants par cent mille habitants.

bateaux, ou ils se portent un peu plus loin, à quelques semaines de traversée rapide ; car, les distances ayant été comblées, la terre en est devenue plus petite, à la rigueur trente jours suffisent pour en faire presque le tour, quelques heures suffisent pour communiquer par les câbles d'un bout du monde à l'autre. Par suite, des équilibres économiques, au lieu de se produire entre deux villes de province, se produisent maintenant entre deux pays producteurs du monde. Voilà dans quelles conditions favorables au progrès se trouvent les cités modernes.

III. Relations et fonctions sociales dans la cité, leurs proportions relatives.

La morale de la cité embrasse de nombreuses relations sociales, qui, décomposées, se soumettent à son analyse ; il y a la morale de chaque membre de la cité, de chaque concitoyen vis-à-vis de chaque autre : égal à égal, supérieur et inférieur sous tel ou tel rapport, client et fournisseur, fonctionnaire et administré, électeur et élu, ouvrier et patron ; en ce qui concerne les classes sociales, à l'heure qu'il est, il semble presque qu'il n'y ait plus guère dans la cité moderne que deux classes, non pas absolues, mais relatives, ceux qui payent et ceux qui sont payés. Si l'on admet que chacun est responsable dans la mesure où il est payé — ce qui ne doit pas être pris trop à la lettre — on retrouve dans l'échange juste et loyal les devoirs mutuels et les droits qu'ils autorisent.

Qu'il n'existe plus strictement de classes fixes et héréditaires, cela n'empêche qu'il existera toujours des catégories sociales, d'autant plus nombreuses et inégales que la société sera plus compliquée et que la cité sera plus différenciée. A présent, les principales fonctions qui entrent dans la vie urbaine constituent des catégories professionnelles pouvant comprendre également des gens riches, des gens aisés et des gens pauvres, ou gens sans épargnes et sans revenus assurés ; les catégories sociales les mieux définies sont ainsi : 1° celle des magistrats ; 2° celle des soldats de carrière, marins et soldats de police ; 3° celle des fonctionnaires d'administration, gouverneurs, chefs et agents ; 4° celle des instructeurs, professeurs, écrivains techniques et philosophes ; 5° celle des industriels ; 6° celle des commerçants non fabricants ; 7° celle des façonniers, gens de métier à façon, tels que tailleur, coiffeur, etc. ; 8° celle des praticiens techniques, catégorie très variée comprenant médecins, avocats, spécialistes savants, ingénieurs, architectes, etc. ; 9° celle des artistes : musiciens, peintres, romanciers, poètes, comédiens, etc. ; 10° celle des ouvriers ; 11° celle des agriculteurs, des éleveurs et des planteurs ; 12° celle des propriétaires et des financiers ; 13° celle des prêtres et des éducateurs proprement dits ; 14° celle des domestiques ; 15° celle des employés privés ; 16° celle des publicistes et des reporters de la presse.

Parmi ces seize catégories fondamentales, il y en a de mixtes et de transition, il y en a aussi qui ne sont pas des professions exclusives, telles que celles de propriétaire, d'ingénieur, d'artiste, d'écrivain. De toutes, les plus nécessaires pour la vie matérielle, sont celles qui appartiennent à l'industrie et à l'agriculture, renfermant des catégories particulières d'ouvriers et de spécialistes de toutes sortes ; non moins essentiels pour la vie de l'esprit, que les agriculteurs et les industriels ne le sont pour la vie du corps, doivent être les éducateurs, les instructeurs et les philosophes, quoiqu'autrement ouvriers, ouvriers intellectuels et spirituels ; la société en effet, en tant que système, ou corps, d'idées vivantes, vit aussi bien d'idées qu'elle ne vit de produits naturels et fabriqués, en tant que système d'individus ou corps organique à entretenir physiquement.

Les catégories professionnelles, qui ne sont ni industrielles, ni agricoles, remplissent dans la cité des rôles subordonnés, accessoires, plus passifs, en comparaison, étant donné la première importance pratique de ces deux premiers ; elles assurent des fonctions nécessaires pour l'ordre intérieur comme pour l'ordre extérieur, ou des fonctions utiles pour l'embellissement et l'affranchissement de la vie humaine.

Entre les diverses fonctions sociales que ces catégories résument, un équilibre proportionné est désirable pour le bien de toutes : les unes ne sauraient rationnellement être trop restreintes aux dépens des autres sans qu'il se produise de là des atrophies et des dépérissements ; par exemple, l'industrie a besoin d'être alimentée en suffisance par l'agriculture et par l'exploitation minière, le commerce, à son tour, a besoin d'être alimenté et par l'industrie et par l'agriculture, enfin les objets du commerce doivent être absorbés, afin de bien permettre les roulements de l'agriculture et de l'industrie et afin de faire le rendement des douanes.

A l'inverse, des fonctions qui sont trop développées

proportionnellement aux autres, paraissent aussi nuisibles, quelquefois plus, au bon équilibre du fonctionnisme social ; examiner leurs multiples rapports comporterait beaucoup d'études économiques. En particulier, un développement exagéré qu'il importe d'éviter, et pour ce qui est de la France qu'il importe de réduire, c'est le développement en nombre des fonctionnaires, c'est le fonctionnarisme ; on se doute encore que le nombre des magistrats, au sens général, et que le nombre des parlementaires demandent à être restreints dans notre État ; il est des parasites sociaux qu'il serait avantageux de supprimer ; avons-nous tellement besoin d'agents intermédiaires, d'inspecteurs artificiels, de chefs adjoints et de professeurs supplémentaires ? avons-nous sérieusement besoin de tous les doubles emplois, tels que ceux de sous-préfets, de sous-directeurs sinécuriels, de surveillants et de contrôleurs de tout repos ?

D'autre part aujourd'hui, la fonction militaire a pris dans l'État un développement extraordinaire ; rendre superflues les armées immenses après avoir limité leurs accroissements, restituer par conséquent des bras vigoureux à l'agriculture et à l'industrie est un problème actuel, le problème encore trop insoluble, d'une époque où le militarisme tend incessamment à tout absorber dans des systèmes onéreux et lourds, pour le motif, si urgent, si légitime en soi, de la défense nationale.

L'armée du travail, la plus importante après tout, a ses soldats pacifiques qu'il faut soutenir, et c'est là un autre grave problème, celui des cités industrielles ; les citoyens les plus dignes d'intérêt sont les travailleurs les moins aisés, ouvriers sans épargnes, qui traversent des périodes de crise, de chômage, c'est-à-dire des périodes de détresse ; comment remédier à ces situations, tout aussi contraires à la morale qu'à l'équilibre social ? Les syndicats de mutualité, les associations mutuelles sont des institutions à développer dans ce but, mais quoiqu'efficaces, elles ne constituent pas des remèdes suffisants. Comment y remédier plus complètement ? C'est en donnant aux inoccupés indigents un moyen de travail familial, et ce moyen c'est véritablement, je crois, de leur concéder une propriété propre à la culture ; s'il en est ainsi, il serait à souhaiter que tous les citoyens français soient de droit rendus propriétaires inaliénables à un degré minimum, soit en France, soit dans les colonies qui manquent de cultivateurs ; aussi est-ce là une solution dont nous reparlerons dans la suite.

Quand pour se suffire à elle-même une cité doit produire l'intégration de toutes les corporations et de toutes les catégories sociales qui vivent les unes des autres, quand elle doit combiner toutes les fonctions qui s'établissent par les relations de travail et d'échange, combien de multiples problèmes l'équilibre progressif et moral de la cité moderne complète ne pose-t-il pas déjà à la sociologie ! Or, ces problèmes se divisent et se rangent d'après les relations entre les unités sociales successives ; à la suite des relations simples entre les concitoyens qui exercent différents états, on peut distinguer les relations entre le citoyen et l'étranger, entre la cité et l'étranger, celles entre les sociétés collectives, entre le citoyen et l'association, entre le citoyen, ou la compagnie d'une part, et la ville d'autre part, puis les relations entre les pouvoirs municipaux et entre les administrations, la ville étant représentée en France par le maire, assisté de son conseil municipal, la cité ou le département l'étant par le conseil général, et encore judiciairement par les jurés, par la police urbaine, etc.

Que si certaines relations réclameraient des solutions théoriques rationnelles, dans le fait, la plupart des relations en la cité sont résolues peu à peu suivant l'opportunité qui se fait sentir, par l'expérience, par les convenances, par les mœurs, par le bon sens et le jugement pratique des partis en présence.

Ayant distingué les relations intérieures à la cité, il y aura lieu d'examiner, au paragraphe qui suivra, les relations extérieures à la cité : les rapports de la cité, unité constitutive de l'Etat et de la Société, tant avec l'Etat qu'avec la Société.

IV. De l'Etat et de la cité qui en est la capitale.

De même que la cité naissante est issue de la famille, de même l'Etat, qui se compose de villes comme la cité se compose de maisons et de familles est issu de la cité, mais de la cité en tant qu'unité administrative ; car l'Etat société civile, s'entend à la manière d'une charpente de la société concrète, laquelle préexiste et laquelle peut survivre à l'Etat constitué (1).

(1) Un sociologue, M. Sigismond Balicki, a publié un ouvrage intitulé « L'Etat comme organisation coercitive de la Société politique » (Paris, Giard et Brière, 1890). Tel titre est à lui seul une définition de la Société civile, de l'Etat, qui se trouve encore considéré par l'auteur : « comme l'organe unificateur de la Société politique ».

Naturellement entre plusieurs cités voisines et alliées, il a dû se produire avant l'unité de la patrie sous un drapeau unique des compétitions de pouvoir, la plus puissante cité tendant à l'emporter, c'est-à-dire à imposer ses mœurs et ses lois par l'influence, par le crédit, par l'imitation plus normalement que par la force.

Dans la société féodale, le roi, en choisissant une cité pour capitale, lui assure ordinairement une prépondérance sur les autres cités que comprend le royaume ; les seigneurs féodaux reconnaissant la suprématie du roi, les places fortes, les petites cités, dont ils sont les chefs, deviennent vassales de la cité métropole du royaume, qui se trouve jouer vis-à-vis d'elles le rôle du chef de famille vis-à-vis des membres de la famille. En invoquant les lois générales du royaume et celles de la capitale, les villes s'affranchissent du joug seigneurial capricieux, et en même temps, elles se centralisent sous une direction unique et souveraine, sous celle du roi, qui ne fait que poursuivre cette centralisation, qui est alors l'arbitre entre les cités, qui représente alors l'Etat ; le monarque s'applique à réaliser une unité juridique non moins que militaire, de laquelle unité dépendra sa puissance et sortira l'unité nationale.

En se concentrant de plus en plus dans les mains du roi, l'Etat monarchique ne fait d'ailleurs que tendre vers le régime constitutionnel ; car bientôt, ne pouvant par lui-même administrer en détail toutes les provinces, le prince se repose couramment sur les lois générales antérieures, il se fait seconder par des ministres et par des conseils d'Etat, il délègue des pouvoirs à ses représentants dans chaque cité et il est conduit à séparer en différentes charges les pouvoirs de diverses natures; pouvoirs juridiques, pouvoirs militaires, pouvoirs ecclésiastiques et pouvoirs perceptifs.

Les cités, grossies et organisées en raison de leurs grosseurs, non seulement conservent leurs privilèges, elles les développent avec leur organisation, elles acquièrent le droit de s'administrer elles-mêmes en ce qui concerne leurs intérêts particuliers toutes les fois qu'ils restent indépendants de ceux du royaume, tandis qu'elles s'entendent avec les délégués royaux, ou quelles reçoivent des ordres des officiers du roi pour tout ce qui intéresse le trône.

Les institutions d'Etat se fixent en s'adaptant et elles s'améliorent en se perpétuant avec suite; une Société civile, qui a nom l'Etat, qui concentre et encadre une société en quelque sorte amorphe pour en faire une grande nation, se compose de tout le fonctionnisme légal, par lequel dans le pays entier est assuré l'ordre général; ce fonctionnisme légal équilibre le roulement des différents services ainsi que leurs rapports, et il subordonne à l'ordre général tous les ordres particuliers, unifiant dans ses modes la Société proprement dite, l'ensemble de toutes les unités sociales, exerçant enfin la fonction globale qui est celle de l'Etat.

Pour suppléer à l'origine au défaut d'organisation, soit à l'organisation élémentaire, il a bien fallu d'abord un pouvoir absolu, basé sur la force despotique; à défaut de lois il faut au moins une autorité qui décrète; une sorte de dictature doit être le commencement de tout gouvernement dans une société qui n'est pas civilement organisée, ou dans une société qui se trouve désorganisée par corruption, cela seulement, comme un moyen provisoire de réaliser son unité et de conserver son existence ; mais ensuite, à l'aide de cette colonne, en sous-œuvre, une constitution se reforme grâce à une orientation des forces intérieures autour de la force centrale qu'elle est : cette constitution, en devenant un noyau de forces, permet de modérer et de réduire le pouvoir dictatorial ou autocratique du début.

Une société évoluant, en même temps qu'il y a développement et différenciation dans les classes et dans les fonctions, il y a aussi développement et différenciation dans les devoirs et dans les droits des citoyens ; quand du fait de cette évolution progressive, les problèmes sociaux, et surtout les problèmes économiques, se sont compliqués et élargis, la société civile, l'État, doit se modifier en rapport avec eux ; alors une organisation plus complexe et plus parfaite est devenue nécessaire pour un ordre plus difficile, elle est opportune pour maintenir l'équilibre moderne entre les différentes classes ou catégories sociales, entre les différentes cités, entre les diverses fonctions vitales du pays.

Avant de nous étendre davantage sur la fonction de l'État moderne, nous dirons ce que nous pensons du rôle de la capitale et de la métropole vis-à-vis des cités ordinaires et de l'État.

Cités extraordinaires jouant un rôle exceptionnel, il n'est plus possible d'assimiler à des cités normales les grandes capitales modernes, les grandes métropoles qui comptent plus d'un million d'habitants, et dont la population est plus ou moins hétérogène ; le pouvoir politique de la capitale doit être limité, afin que son équilibre particulier ne compromette pas l'équilibre général de l'Etat, ni ne paralyse les actions légitimes des autres cités, petites et grandes, du pays, qui représentent en somme une voix plus considérable et plus sûre. C'est principalement par le désordre et par la révolution de la capitale qu'on voit tomber dans la corruption et dans l'anarchie les plus grands Etats ; la direction de la ville qui a rang de capitale est donc d'un intérêt plus qu'urbain et départemental, elle est d'un intérêt national qui le dépasse. Si on applique aux capitales les privilèges des villes, elles deviennent beaucoup trop puissantes, elles deviennent dangereuses pour l'Etat, sur lequel elles exercent des influences partiales et des pressions intéressées, à l'encontre de l'opinion et du désir du pays.

C'est pourquoi, en vertu de cette exception, une grande capitale ne doit point posséder à sa tête un maire ; elle ne devrait pas davantage à notre avis posséder un conseil municipal sans maire ; car, ou bien le président de ce conseil sera encore un maire, ou bien tout ensemble le corps municipal ne vaudra qu'un maire anonyme, pire qu'un seul, sans responsabilité, taillant facilement à merci les contribuables, nouveau chef féodal au sein et à côté de la nation souveraine.

Au contraire, divisée en arrondissements d'une centaine de mille âmes en moyenne, une vaste capitale pourra être ramenée au droit commun des villes en étant assimilée à plusieurs cités qui se touchent et dont les intérêts s'harmonisent.

Telle capitale, qui est en réalité un agrégat de cités, ou qui serait considérée comme un agrégat, pourrait donc être en tant que totalité, en tant que capitale, sous la haute direction de l'Etat ; à cet effet, les maires de chaque arrondissement auront à s'entendre en général entre eux, les maires intéressés, ceux-là seulement qui sont en cause dans une question, tantôt se concerteront avec l'Etat comme des maires quelconques, tantôt plus rarement, délibèreront sous l'arbitrage du ministre de l'intérieur, soit sous celui du préfet, soit celui des commissaires techniques des administrations compétentes, qui ont à intervenir.

V. De la fonction de l'Etat.

Généralités : Unité et décentralisation, harmonie administrative, liberté, hiérarchie, idéal de justice, rôle moral de l'Etat, divisions des relations de l'Etat, son autorité, son droit, ses devoirs.

Unité : L'unité des diverses sciences sociales consiste dans leur fin commune, laquelle est la connaissance de la vie des sociétés ; c'est aussi dans une fin commune que consiste l'unité des diverses institutions sociales d'Etat ; elle se trouve dans une convergence vers une fin commune, laquelle est la vie concrète de la société actuelle ; mais si la science sociologique se borne à raisonner théoriquement, la société en tant que personne civile a à appliquer la raison pratiquement selon les circonstances données ; comme la fonction suprême de l'Univers dirigeant est d'assurer la vie du monde intégral, la fonction générale de l'Etat doit être d'assurer la vie de la société dans toutes ses unités, elle doit être de maintenir l'équilibre de toutes les unités qui constituent la nation et dont le jeu fait la vie nationale.

Encore, pour le système naturel, que ne laisse pas d'être une société humaine, l'Etat est par analogie ce qu'est le système nerveux dans un organisme, selon l'idée intelligible de l'organisme, c'est-à-dire qu'il a à régler le travail plutôt qu'il n'a à travailler, et qu'il lui incombe de faciliter et d'exciter, plutôt qu'il ne lui appartient d'empêcher et de produire, l'activité des fonctions.

Le système nerveux possède son unité et sa centralisation ; outre le cerveau, qui présente un grand organe centralisateur, il ne renferme pas moins dans le corps des centres reflexes d'importance très variables ; comparez ces centres réflexes secondaires, qui sont placés sous le cerveau, aux administrations dans les villes, qui le sont sous l'Etat, remarquez que tous ces centres jouissent d'une certaine autonomie par rapport à la tête.

Décentralisation : De là un exemple naturel, de là une notion naturelle, de la décentralisation : A plus forte raison que le corps humain, le corps social, le fonctionnisme social, pour ce qu'il représente un organisme d'êtres libres, doit-il contenir des décentralisations, doit-il permettre des activités spontanées chez les ressorts secondaires de l'Etat, ainsi que permettre des initiatives privées en dehors de l'Etat.

D'où ce principe : *à chaque fonction il faut une certaine liberté d'application, à chaque unité sociale appartient le droit d'exercer librement sa fonction, mais sans sortir de cette fonction, sans entraver celles des autres, devant concourir avec les autres à l'intérêt général.* C'est un principe de liberté réservée et de décentralisation, qui pour exclure sans doute la passivité, l'uniformité et la routine, n'exclut point l'unité et l'accord.

Imposer l'uniformité aux individus ne saurait être du rôle de l'État, sous le prétexte qu'il a le droit d'établir l'unification des réglements quand cela est possible justement. En rapprochant les parties, en concertant les administrations, en produisant une conciliation des classes sociales, en faisant régner l'harmonie entre toutes les fonctions, il assure l'unité d'action, l'unité véritable.

Harmonie. L'harmonie des fonctions sociales entre elles n'a pour but que le meilleur développement des activités individuelles, cette synthèse harmonique, qu'est la fonction de l'État, ne pouvant évidemment avoir pour fin de réaliser une entité, dont les individus ne seraient que les moyens.

C'est par un développement aussi rationnel que moral des institutions et des associations de toutes sortes, qu'on peut obtenir le meilleur développement actif de l'individu, tant pour lui-même que pour les autres, que pour tout le corps social. Les fonctions sociales réagissent constamment les unes sur les autres, il importe qu'elles réagissent avec harmonie sans se détruire et sans se paralyser ; en reconnaissant des lois de réaction, en reconnaissant qu'il existe des lois de réaction des phénomènes sociaux et des fonctions sociales, qui ne sont pas trop dissemblables des lois de réaction des phénomènes physiologiques et des fonctions animales, on pourra dire — si ce néologisme n'effraie pas — que l'État a à faire de la *sociothérapie*, non moins qu'il a à faire de l'hygiène et de la médecine sociales.

Coopération administrative. Comme les fonctions tendent à se diviser et à se multiplier à mesure de la complexité des travaux et de leur intensité croissantes, comme une loi de division des fonctions est le corollaire de leur progrès, il est nécessaire d'empêcher les fonctions publiques de se séparer et de cesser de s'harmoniser en s'isolant ; principalement, des administrations montrent cette tendance à se désintéresser trop de ce qui sort de leurs attributions directes ; c'est là un égoïsme administratif des plus nuisibles, qui se traduit par des pertes de temps comme par des pertes d'argent, auquel donc l'Etat doit s'opposer en obligeant chaque administration à tenir compte de la suite de son procès, et, ne s'en tenant pas seulement à la lettre, à coopérer intelligemment suivant l'esprit avec les administrations collaboratrices.

Liberté. Les droits de chacun doivent être reconnus impartialement par l'Etat ou par ses lois, c'est en quoi consiste d'une façon générale la liberté civile. Aussi Locke a-t-il pu dire : *qu'un droit est une liberté.* Puisque d'ailleurs il n'y a pas de devoir où il n'y a pas de droit, le citoyen n'a de devoir qu'autant qu'il jouit de la liberté.

Nulle liberté ne l'emporte sur celle de la presse ; ayant de grands droits, elle a de grands devoirs ; si la presse est libre de dire la vérité, elle a le devoir de ne jamais la fausser, et de plus même, par raison morale et patriotique, elle doit savoir se borner à la vérité qu'il est à propos de divulguer ; car il ne faudrait pas qu'elle entrave la fonction capitale de l'Etat, ou du gouvernement d'Etat, qui passe de beaucoup avant la sienne.

Hiérarchie. Il y a dans l'Etat des fonctions publiques qui sont particulières et secondaires par rapport à d'autres qui sont générales et primordiales, une hiérarchie sociale y est par conséquent nécessaire.

La société est un corps vivant qui a d'autant plus besoin de hiérarchie représentative, qu'il n'est formé que par des connexions externes, objectives ; les liens sociaux, bien que joignant au fond des unités non matérielles, des organismes spirituels, doivent néanmoins être matérialisés, parce que ces esprits d'homme communiquent seulement par l'intermédiaire des corps, des choses et des signes matériels. Mais la hiérarchie, établie d'une façon sensible dans la société, ne vaut que comme hiérarchie morale, elle n'a pas une valeur absolue, qui fasse la valeur des hommes, elle n'a pas une valeur indépendante des fonctions publiques que les hommes exercent, et dont ils tirent leur autorité ; c'est ce qui permet de dire que les citoyens sont civilement égaux en dehors de leurs fonctions publiques et privées.

Au point de vue de l'ordre, l'Etat peut se définir une direction hiérarchique qui se sait responsable de la société ; c'est alors une direction qui offre de la comparaison avec la direction hiérarchique du corps humain, avec l'âme raisonnable. Or une âme ne saurait être anonyme, l'âme sociale donc doit trouver sa personnalité, son unité, sa sommité dans un chef respecté qui la représente activement, qui en est le juge suprême ; en tête de la hiérarchie, père de la société qu'il préside, le chef de l'Etat a, entre autres choses, à exercer la fonction la plus essentielle de toutes, celle de la justice générale, celle de la juste répartition des droits dans l'Etat. Formant le second échelon de la hiérarchie, sous sa surveillance, un gouvernement a pour fonction d'administrer équitablement les intérêts de tous les citoyens, ce qui est obtenu au moyen de divers ministères, par lesquels se continuent les échelons et en dessous desquels se subdivisent les pouvoirs.

Idéal de justice. Cet idéal de la vie sociale, — l'idéal de justice, — doit être celui de ceux qui représentent éminemment l'Etat. *Chercher avant tout le règne du bien, de la vérité, vouloir avant tout la justice*, voilà le grand précepte social de Jésus qui le résume.

La justice n'est que la loi d'une valeur universelle, bonne en soi, que la morale la plus pure indique, la loi qui est indépendante des personnes, la loi impartiale, qui est aussi sincère, aussi indulgente, aussi proportionnée dans l'application, quel que soit le juge, quel que soit le coupable, quelle que soit la victime.

Pour tous ceux qui se trouvent dans les mêmes conditions de droit, de devoir, de responsabilité, c'est la même loi, raison par elle-même, loi absolue dans ses principes moraux, loi relative aux conditions de culpabilité.

Rôle moral de l'Etat. En principe éthique, l'intérêt suprême des êtres ne diffère pas du bien universel ; de sorte que l'intérêt en devenant plus général ne fait que tendre vers le bien de tous. Quant à la société, en tant qu'unité, elle ne peut vouloir, en voulant son intérêt propre, que l'intérêt de la totalité de ses membres, que l'intérêt général de tous les citoyens ; mais l'idéal d'une société moderne, d'une nation civilisée, doit être plus élevé encore que son présent intérêt général, il doit être le bien universel dans la mesure où elle en a conscience, il doit être donc le bien de l'humanité future, si elle ne veut pas se fermer l'avenir et s'immobiliser dans la société universelle ; Ainsi en est-il advenu pour ces peuples d'Orient, qui en restant des mondes fermés, se sont interdits le progrès et sont tombés en déchéance.

Un État a son devoir, et, se déterminant volontairement pour la raison supérieure du bien, il se détermine pour le devoir, qui n'exclut pas l'intérêt parce qu'il est conforme à la justice et au droit. Même agissant selon une volonté parfaite, pleine d'abnégation, l'Etat ne peut être conduit à sacrifier la patrie dont il a la garde sacrée ; jamais le bien de l'humanité ne se posera ainsi pour lui, car son altruisme généreux ne saurait aller jusqu'à renoncer à son premier devoir, au devoir patriotique, à celui de conserver une société dont il est l'âme, à celui de porter très haut le drapeau qui en est le glorieux symbole, il ne saurait renoncer donc à son droit imprescriptible, qui est d'exister honorablement pour lui-même et pour les autres Etats. Au patriotisme se mesure le degré d'union sociale ; l'Etat doit le premier en entretenir religieusement la flamme pure.

Que si l'Etat a des rôles multiples, le principal est son rôle moral, lequel est un rôle protecteur au dedans et au dehors, un rôle pondérateur et organisateur des activités sociales, un rôle d'arbitre de tous les droits et de tous les pouvoirs. Pour donner un fondement véritable à son autorité, à l'autorité qui lui permet de remplir son rôle et qui lui est nécessaire pour sa fonction, il faut qu'il développe l'idée morale, qu'il reconnaisse l'idée divine, qu'il favorise l'idée religieuse, tout respect de la loi humaine ne pouvant se fonder sérieusement que sur le respect de la loi du bien et de la raison, qui ne se sépare pas de l'idée divine.

Comment y aurait-il de loi effective sans législateur qui ne la fasse et qui ne la maintienne ? l'éternel législateur de la loi universelle qu'on ne méconnaît pas en vain, c'est Dieu ; de lui vient tout droit légitime en tant que permission et en tant que pouvoir de bien faire.

Que la volonté souveraine, qui donne naissance à l'Etat et qui sanctionne ses lois, soit celle de la nation, voilà ce que nous ne contestons pas, mais une nécessité pour le bien général, c'est que cette volonté nationale se mette d'accord avec l'universelle raison, tout comme pour le bien de l'individu c'est une nécessité que sa volonté se détermine selon la raison.

Un Etat ne se passe pas de doctrines, ayant ses procédés, ses solutions, ses vues, soit pour maintenir l'équilibre politique intérieur, soit pour assurer les relations extérieures avec les états étrangers ; elles vaudront ce que valent les principes et les idées officiels : bonnes idées, elles se réalisent et elles donnent des résultats ; médiocres, vouées par là à une existence instable, elles ne conduisent aux bonnes que par des expériences coûteuses.

Peut-être ainsi n'y a-t-il de doctrines absolument mauvaises pour l'Etat que les doctrines négatives, c'est-à-dire que le scepticisme, que le manque de doctrine, que le manque d'idées rationnelles et impersonnelles.

Divisions des relations de l'Etat, son autorité, son droit, ses devoirs. Les relations intérieures d'équilibre qui s'établissent entre l'Etat et chacune des unités sociales subordonnées, puis les relations extérieures avec d'autres états et avec toute la société humaine, formeraient les divisions de la morale de l'Etat.

On peut considérer successivement, la relation de la Société civile avec le citoyen dans ses fonctions caractéristiques, la relation de l'Etat avec la compagnie ou société collective, la relation de l'Etat avec la commune, celle avec l'arrondissement, celle avec la cité, celle avec la capitale, celle avec la colonie, celle avec le protectorat, celle avec la nation étrangère, et réciproquement, les relations de chacun de ces groupements avec l'Etat, posé comme objet au lieu d'être posé comme sujet, enfin la relation mutuelle de l'Etat et de la Société civile.

De l'obligation du bien, laquelle est précisément le devoir, la puissance reconnue tire toute sa force obligatoire ; toute autorité dans l'Etat, loin d'exister pour le bien particulier de ceux qui détiennent le pouvoir, n'existe et ne vaut que pour le bien de tous par chacun.

La puissance publique est absolument dépourvue de raison, elle est absolument dépourvue de droit, pour imposer ce qui est moralement mauvais ; ainsi son droit est limité par la conscience de l'individu ou de l'unité sociale qui est une personne morale indissoluble.

La puissance publique a également pour limite le droit naturel qui préexiste dans le sujet, droit antérieur comme supérieur à toute loi écrite : autorité du père sur ses enfants, droit de propriété, droit d'association, tous droits antérieurs à la constitution de l'Etat dans la société, dont il ne lui appartient que de régler l'exercice légal dans un intérêt d'ordre public.

Sous peine de tomber dans la tyrannie, la puissance publique n'a pas le droit de nuire aux intérêts particuliers qui sont en dehors de ses limites ; l'Etat ne peut sans criminelle violence, et par suite sans déchéance, absorber l'individu, ni la famille, ni leurs propriétés. Si son intervention est quelquefois légitime en dessous de ses fonctions, ce n'est que quand l'action des individus devient insuffisante et qu'ils ont besoin d'un secours public ; mais il doit surtout chercher à rendre son intervention inutile, pouvant être certain que cela marche bien à ce signe.

En résumé, les devoirs de l'Etat sont d'assurer à l'individu les libertés et les droits de l'homme social, de lui procurer la sécurité de son existence, celle de sa propriété, celle de son travail, de permettre et de favoriser les initiatives des individus, des familles et des associations, de protéger les familles de la classe la plus pauvre, de se préoccuper du sort des travailleurs comme de la prospérité des agriculteurs, des commerçants et des industriels, qui les font travailler. Envers les communes, envers les cités, envers les provinces, l'Etat a des devoirs, devoirs dont nous parlerons en revenant sur la question de la décentralisation. Enfin, il ne faut pas l'oublier, il a le grand devoir général de défendre et d'améliorer le sol précieux de la patrie, qui est la propriété nationale, l'héritage de tout un peuple, le patrimoine d'une race.

VI. De l'Etat et de la Société.

Il n'est pas sans intérêt de s'arrêter aux relations importantes de l'Etat avec la société qu'il gère. Si à quelques points de vue l'Etat et la Société se confondent, lorsqu'on conçoit civilement la société, ce sont cependant deux existences distinctes, l'existence légale n'étant pas toute l'existence sociale. Une personne étrangère, soit une personne mineure, soit toutes personnes, femmes, enfants, qui n'exercent pas de droits civils, vivent bien dans une société, quoiqu'ils ne soient point des éléments actifs de l'Etat qui représente cette société. Plus large que l'idée d'Etat est l'idée de société, l'existence de l'Etat, ou de la société civile, étant contenue d'ordinaire dans celle de la société générique, comme un corps est contenu dans le milieu qu'il occupe et laisse ce milieu à sa place après sa dissolution.

En outre, de la même façon qu'un milieu peut s'étendre au delà du corps qui est situé, une société peut s'étendre encore plus loin que les frontières de l'Etat qui la nationalise ; par exemple une société peut embrasser le fractions d'un même peuple, une race identique, parant même langue, et ainsi envelopper plusieurs Etats politiques ; ces Etats dans cette condition ont une tendance naturelle à se confédérer, à former des Etats unis, puis peut-être un seul Etat dans la suite. A l'opposé, un Etat peut s'annexer des sociétés distinctes, primitivement séparées, dans le but de les fondre en une nationalité unique ; la société n'a d'abord dans ce cas qu'une unité artificielle.

Au-dessus des sociétés bien définies comme nations et comme races nationales, il y a leur totalité : la société civilisée, moins cohésive, moins déterminée, moins homogène, qui comprend la plupart des Etats du monde, qui, dès qu'elle comprendra tous les peuples, ainsi que cela est à prévoir, portera proprement le nom d'humanité.

Or, les tendances internationalistes, les tendances libre-échangistes, les communions scientifiques, artistiques, philosophiques et philanthropiques, — si les guerres et les défenses n'étaient de perpétuels obstacles, — auraient tout ensemble pour très heureux effet de faciliter la formation d'une humanité définitive, qui n'exclurait pas plus les attachements patriotiques, attachements d'ailleurs si légitimes, que la nation définitive n'a exclu les attachements à la province et à la cité.

Gérance intérieure de l'Etat, doctrines diverses.

Pour ce qui concerne une société consistant dans une nation, ses relations avec l'Etat qui la constitue sont tant dans une participation aux affaires publiques et générales que dans une communion des sentiments nationaux avec les idées et avec les formes officielles. Faute de cette harmonie, qui identifie la vie de l'Etat et celle de la Société entière, l'opinion de la majorité est absente de l'action politique et elle s'en sépare, les citoyens en viennent à se désintéresser en partie des affaires de l'Etat, d'affaires qui diffèrent de celles de la société au lieu de leur être adéquates.

Ce n'est point la Société qui doit être au service de l'Etat, c'est l'Etat qui doit être au service de la Société, dont il est le gérant, la Société étant l'Etat, et plus, sous les rapports de la continuité, de la vitalité, de l'antériorité, sous ceux de la postériorité et de la pluralité.

Si les administrations et le gouvernement servent l'Etat, elles ne sont pas faites rien que pour l'Etat, elles sont faites au fond pour toute la société, pour tous ceux qui vivent sous les lois du pays, pour tous ceux qui participent à ses charges, à ses consommations et à ses productions, et qui ne sont point tenus de faire de la politique pour avoir droit au concours de l'Etat.

En d'autres termes, l'Etat n'est pas une propriété exploitable par les fonctionnaires, par les hommes politiques et par leurs électeurs, il n'est la propriété ni d'un parti politique, ni des partis politiques, il est *la nation gérante*, la nation en tant qu'elle se gère elle-même pour l'intérêt de toute la société qui est *la nation gérée*. La société se laisse gérer, ce qui lui impose des devoirs et ce qui lui suppose des droits. mais inverses des droits et des devoirs de l'Etat, c'est-à-dire de tous ceux qui gèrent.

Des doctrines différentes sur la gérance de l'Etat portent les noms d'*individualisme*, de *communisme*, de *collectivisme*, de *socialisme*, etc.

Tout le contraire de l'individualisme est le communisme dont le collectivisme et le socialisme sont des formes variables.

L'égoïsme de l'Etat entraîne celui de la société, c'est-à-dire, vis à vis de lui, entraine l'égoïsme général des individus qui ne sont ni fonctionnaires, ni politiciens, tel égoïsme qui est un excès d'individualisme.

L'indifférence de ceux-ci pour les choses politiques et sociales est la première conséquence du principe : chacun pour soi ; une suite extrême de ce principe est de substituer la lutte à l'union entre les unités et les classes sociales, alors que tous les intérêts se sont séparés et que les difficultés surgissent.

Communisme et socialisme. — On sait que le communisme de Platon préconisait la communauté des biens, et même celle des femmes, en subordonnant tout à l'Etat. Les excuses ne manquent point à ce grand philosophe ; sans doute qu'il n'entendait pas appliquer une telle forme sociale à de grands peuples comme il en existe aujourd'hui, ni à une civilisation compliquée comme la nôtre ; dans son esprit il s'agissait d'une cité modèle qui n'avait qu'un nombre restreint d'habitants, non pas de nations énormes, de babylones telles qu'en offre l'époque contemporaine ; en outre, ce système supposait des hommes assez parfaits, des sages. Il semblait avoir réussi comme essai, ces conditions étant réalisées dans l'Institut de Pythagore. Platon avait donc pour lui dans une certaine mesure l'expérience et la raison. Depuis lors, les communautés religieuses et les colonies militaires sont deux types de communisme qui ont pu exister sur de petites échelles pendant l'antiquité et pendant le moyen âge. Sans succès durable les mormons en Amérique ont poussé le communisme jusqu'à la mise en commun des femmes qui est d'une réalisation plus délicate. On peut admettre, il semble, que le communisme d'hommes choisis, ou celui de femmes choisies, est une forme de petite société théocratique applicable seulement à des âmes d'élite ; l'exemple d'une société de ce genre est offert avec des fonctions très variées par la communauté de la Grande Chartreuse, et par d'autres similaires.

D'autre part, on peut admettre aussi, comme un cas singulier, le communisme militaire, très différent du communisme religieux ; il a été pratiqué par les légions romaines lorsqu'elles hivernaient et vivaient durant des années sur des terres étrangères ; c'est le cas d'une petite société communiste aussi autocratique que possible. Mais pour ce qui est de la forme démocratique, nulle part, je crois, on a vu que le communisme démocratique ait pu se fonder sur de vastes proportions.

Le socialisme contemporain, sorte de généralisation du communisme (1) avec une contrainte sans alternatives, parce qu'elle est générale, est une doctrine qui résoud d'une façon bien dangereuse la relation de l'Etat et de la société, le rôle social de l'Etat. Il peut se définir : *une doctrine politique qui se propose de faire rentrer de force dans une administration intégrale toutes les activités des citoyens* ; toute la nation, suivant la théorie socialiste, est transformée en une administration populaire, en une cité ouvrière, en une famille passive, sans individualités, qui est réglée ainsi qu'une machine, et dont l'Etat est le père anonyme et aveugle.

Comme les initiatives privées sont enlevées aux citoyens, c'est un mécanisme absolu qui supprime toute liberté ; l'égalité de richesse, aussi bien que l'égalité de travail, est obtenue par la contrainte légale ; toute l'industrie, toutes les terres, tous les capitaux, tombent entre les mains de l'Etat, enfin la subordination de l'individu à l'Etat s'étend à tous ses besoins, non moins qu'à toutes ses productions.

C'est le collectivisme dans toutes ses exagérations opposé à l'individualisme, à l'individualisme que l'Etat peut régler et modérer, mais qu'il ne doit pas détruire ;

---

(1) Il est vrai qu'on distingue du socialisme communiste un socialisme libéral ; mais ce n'est plus le socialisme proprement dit avec ses conséquences logiques radicales. On peut concevoir aussi *un mutualisme facultatif,* qui ne mérite plus le nom de socialisme dans le sens propre.

c'est l'intégration des individus en une société animale, sans idéal et sans espoir ; car l'humanité y est réduite à un troupeau qui ne se conduit lui-même que par une habitude imposée et prise ; c'est, a-t-on déjà dit, le panthéisme social, c'est un panthéisme qui fait de tous les citoyens des dieux infiniment petits, aussi impuissants que des idoles, éternels esclaves de l'Etat.

Tout citoyen y est une fraction de l'Etat, à la fois il est tout et il n'est rien. Tellement tyrannique dans le fait serait ce régime, ce régime compris sans contradictions avec lui-même, qu'il dépasse en despotisme tous les systèmes qui ont jamais été appliqués.

Qu'un tel état, qu'un tel nivellement ne puisse être établi, même par des persécutions sanglantes, c'est ce qui ne fait pas de doute pour bien des philosophes éminents de notre temps qui ont parlé du socialisme. Mais sans qu'on en vienne là, sans qu'on aille si loin, un moindre mal à craindre est l'absorption lente et continue de toutes les activités par l'Etat ; car les abus du fonctionnarisme comme ceux du parlementarisme, la bureaucratie et la députocratie associées, ne font que conduire à ce mal ; les fonctionnaires, que les parlementaires plantent à plaisir, augmentant tous les jours, devant se créer des occupations, ne trouvent rien de mieux que d'inventer cent réglementations inutiles, nuisibles ou paralysatrices.

Solidarité humaine. — En dessous de l'Etat les unions libres des intérêts rendent les citoyens solidaires ; par les associations professionnelles et patriotiques s'établissent entre eux diverses solidarités qui additionnent leurs moyens et leurs efforts. L'idée de solidarité peut ensuite s'étendre des individus aux sociétés, et entre sociétés de toutes nationalités, de façon à unir entre eux tous les peuples par dessus les frontières, en dessus des Etats.

En dernier lieu, la morale sociale, visant cette solidarité générale, a la tâche de définir les relations d'une société nationale avec la société universelle des hommes, elle doit définir aussi les relations extérieures entre l'Etat, pris comme sujet, et un Etat étranger pris, comme objet, les relations entre plusieurs Etats et entre tous ; de ces dernières relations internationales, il sera quelque peu question dans un autre chapitre; pour les premières, entre une société nationale et l'humanité, indépendamment de toute politique, elles consistent : en des communications, en des échanges d'idées, en des échanges de sentiments, en des échanges de procédés, en des échanges de concours, en des échanges de produits et de valeurs, en des échanges de personnes.

Dans le monde, chaque société a un rôle particulier à jouer, chaque peuple se crée son rôle en tant qu'esprit et volonté, chaque nation peut contribuer consciemment selon ses aptitudes et ses moyens au progrès universel comme membre de la grande famille de l'humanité. Les progrès et les espérances de celle-ci sont faits de ceux des nations les plus civilisées qui se distinguent par l'action, par la science, par la pensée et par la morale.

S'il y a une direction de l'humanité, qui n'est pas de l'ordre sensible, plus haut que ce monde, néanmoins ce sont ces esprits nationaux conducteurs qui en pensent et qui en réalisent l'idéal, et c'est de leurs efforts associés que pourra sortir le règne du bien, sinon celui de l'âge d'or, sinon le règne du bonheur.

Parce que la sociologie est la science des relations qui

doivent être entre tous les êtres sociables, non moins que la science des relations qui ont été entre les hommes, elles doit prêcher, aux peuples comme aux individus de toutes nations, le grand devoir de solidarité humaine, qui est en outre l'intérêt le plus général.

Les relations des êtres sociables ne sont parfaitement équilibrées que lorsqu'elles sont morales, — si bien qu'une société idéale est celle dont tous les rapports sont justifiés par la raison morale. Des philosophes ont pourtant cru qu'il n'y avait de possibles dans une société que des rapports d'intérêt ; mais, en oubliant que l'homme se déterminait tant par raison et par sentiment que par intérêt personnel, ils ont seulement mis sur la raison et sur le sentiment les étiquettes d'intérêt commun et d'intérêt particulier.

Dans la sphère de l'intelligible, le sentiment devient raison ; car tandis que le sentiment apparent, mal compris, subconscient, appartient à la sphère du sensible, le sentiment pleinement conscient et vrai est de la raison ; or l'intérêt est susceptible d'être dissocié en raisons et en sentiments, en sentiments volontaires et en raisons habituelles, et il n'y a que les bonnes raisons qui font de l'intérêt un motif sérieux.

Si des intérêts communs entraînent facilement des solidarités, il y a aussi des intérêts qui semblent contraires entre eux en principe ; les intérêts des uns ont souvent pour correspondants contradictoires les intérêts des autres ; seule la raison morale, qui persuade par l'attrait du bien, a le pouvoir de les redresser et de les concilier en montrant la solution nécessaire pour le bien final. Quiconque, homme raisonnable, prenant sa conscience pour juge, abdique un instant par supposition tout parti pour sa propre personne, bien avant d'agir, a le sentiment involontaire qu'il pourrait abandonner quelque chose de ses intérêts en faveur de ceux qui sont moins favorisés que lui.

En se détachant d'une raison particulière, d'un bien particulier et temporaire, pour reconnaître la raison générale, bonne et durable, l'acte, pour être désintéressé, n'en est que plus raisonnable et plus libre. Ce sont justement les actes de désintéressement qui sont les plus sociaux ; d'abord ils sont de pures avances sociales, puis ils ne se neutralisent pas, ils ne s'annulent pas les uns les autres comme les actes particuliers contraires, ils s'ajoutent ; enfin, ensemble comme en eux-mêmes, ils profitent le mieux à la société, donc en dernière analyse à tous les hommes qui en sont les actionnaires communs.

Au lieu de dire que les échanges de l'industrie et du commerce ne peuvent se fonder que sur l'égoïsme pur, il est bon de dire, qu'ils trouve à se fonder sur la raison du travail, raison qui est la production de la valeur, la création d'un bien ; au lieu de dire que les concours sociaux ne sauraient se fonder que sur l'égoïsme commun, il est bon de dire qu'ils sont capables de se fonder sur la justice, qui est un but aussi nécessaire qu'honnête ; au lieu de dire que les résistances de toute sorte ne peuvent être vaincues que par la contrainte sociale, il est bon de dire qu'elles peuvent céder à la persuasion du bien, à celle du devoir. Car, cela eut-il été et cela fût-il encore, laisser croire que la solidarité des hommes ne repose jamais que sur des motifs amoraux, rien n'est si contraire à la raison universelle.

VII. De l'équilibre des volontés sociales.

Comme les volontés sont à l'origine de tous les actes, les bonnes volontés des citoyens ont la plus grande influence sur l'Etat et sur son gouvernement ; de l'équilibre des volontés sociales dépend d'abord le choix de la forme d'une société civile, parmi les formes qui sont représentées en idées comme possibles et qui sont permises par les conditions de la Nature.

C'est pourquoi il y a lieu d'analyser ici les volontés qui dans une société déterminent l'Etat, la constitution, le gouvernement, afin de se rendre compte de leurs effets suivant leurs degrés de bonté, de valeur et de raison.

Le résultat positif des volontés de tous les citoyens qui sont relatives à l'Etat ou aux affaires publiques, telle est en principe la volonté générale de la nation.

« Chacun de nous, dit Rousseau à propos du pacte
« social, met en commun sa personne et toute sa puis-
« sance sous la suprême direction de la volonté géné-
« rale ; cet acte d'association produit un corps moral et
« collectif, une personne publique, l'Etat. » Dans le même traité célèbre, dans *le Contrat social*, s'appuyant sur ce que les volontés égales et contraires se détruisent dans la somme algébrique qui exprime l'intention et l'ordre du peuple souverain, ce philosophe ne craint pas de déclarer : « que cette volonté est toujours droite et tend
« toujours à l'intérêt public, si toutefois elle n'est pas
« seulement celle d'un parti, elle n'est pas seulement
« celle d'une faible majorité ».

Peut-être est-ce là une affirmation un peu trop optimiste ; car s'il est vrai qu'en une portion, des erreurs et des passions opposées se neutralisent, le complément des erreurs et des passions s'ajoute à l'opinion vraie sans trouver de frein équivalent ; aussi a-t-il soin d'observer :
« quand il se fait des brigues, des associations partielles au
« détriment de la grande, la volonté de chacune de ces
« associations devient générale par rapport à ses mem-
« bres et particulière par rapport à l'Etat ; on peut dire
« alors qu'il n'y a plus autant de votants que d'hommes ;
« mais seulement autant que d'associations Les diffé-
« rences deviennent moins nombreuses et donnent un
« résultat moins général. Enfin, ajoute-t-il, quand une
« de ces associations est si grande qu'elle l'emporte sur
« toutes les autres, vous n'avez plus pour résultat une
« somme de petites différences, mais une différence uni-
« que ; alors il n'y a plus de volonté générale et l'avis
« qui l'emporte n'est qu'un avis partial ». D'où il conclut que, pour avoir l'énoncé exact de la volonté générale, il importe qu'il n'y ait pas de société partielle dans l'Etat, et que chaque citoyen n'opine que d'après lui, que d'après son propre jugement.

*
* *

En réalité, les hommes, et surtout les masses d'hommes, ne se déterminent point isolément que par un jugement rationnel qui leur est propre, le sentiment irraisonné intervient d'autant plus dans leurs décisions que leurs assemblées ressemblent davantage à des foules. Il est par suite nécessaire de faire deux parts : la part de la raison consciente et la part du sentiment inconscient comme raison, lequel a une source primitive en dehors d'eux.

Chaque citoyen en général agit, et selon une raison, c, tirée de lui-même, et selon un sentiment, i, qui lui est suggéré subconsciemment par une influence, directe ou indirecte, de la Nature consciente, dépendant des puissances qui règlent son âme sensitive simultanément avec les périodes de temps; telle est la théorie que nous supposons en faisant intervenir la participation de la Nature directrice. En ce qui concerne cette action psychique naturelle, trois hypothèses se présentent à titre d'approximations : 1° tous les citoyens sont à peu près à un moment donné sous la même influence i ; 2° ils sont sous quelques influences distinctes, deux ou trois ; 3° ils sont sous des influences dispersées, trop variées pour qu'on puisse les considérer comme des tendances générales.

I. Dans le premier cas, le nombre des citoyens votants étant n, chaque vote valant $c_x + i$, on a pour résultat :

$$c_1 + c_2 + c_3 + \ldots + c_n \quad + \quad n \times i = \Sigma c + n \times i$$

Tandis que les termes i s'ajoutent, des termes c se neutralisent.

Ici, — et cela arrive chez les foules, ou même chez les citoyens qui communiquent entre eux — $n \times i$ vraisemblablement est le terme variable qui fait pencher la balance, l'emportant en puissance sur l'autre terme, Σc, c'est-à-dire sur une raison moyenne invariable qui se fait jour.

D'ailleurs, si l'influence en principe surhumaine, $n \times i$, est la plus forte selon toute probabilité, il se peut qu'elle concorde avec la raison spontanée, Σc, venant la renforcer, comme il se peut qu'elle s'oppose à elle, et qu'alors la raison du sentiment l'emporte sur la raison du calcul seul.

II. Dans le second cas, soit deux influences distinctes, i_1 et i_2, qui déterminent deux partis, a et b, le nombre des votants étant $n = a + b$; on a: $\Sigma c + a \times i_1 + b \times i_2$ comme facteurs du suffrage.

Si i_1 et i_2 sont des contraires, et que a soit à peu près égal à b, les influences totales s'annulent entre elles, $a \times i_1 = b \times i_2$, le terme Σc donne le vote; c'est le raisonnement moyen qui fait loi; tel cas est fréquent dans les chambres pour des questions qui sont peu graves, et qui entre deux partis opposés trouvent une solution moyenne.

Mais $a i_1$ et $b i_2$ peuvent être peu différents, avec i_1 et i_2 très forts, et Σc très faible; c'est le cas des questions très agitées, qui soulèvent des passions vives et qui donnent lieu à des ballotages et à des solutions imprévues.

On pourrait encore considérer entre deux partis extrêmes a et b, un parti moyen, d, avec une influence i_3.

III. Dans le troisième cas, les influences sont nombreuses, les opinions sont multiples; on a:
$(c_1 + c_2 + c_3 + c_4 + \ldots + c_n) + (i_1 + i_2 + i_3 + i_4 + \ldots + i_n)$
ou: $\Sigma c + \Sigma i$, sommes différentielles; Σc a des chances de l'emporter; sinon l'opinion se forme mal, reste vague et indécise; ce cas est celui des congrès, où l'on s'entend rationnellement quand la question ne comporte guère de sentiments, où l'on n'arrive à nulle solution quand elle en comporte de trop divers.

Cet essai, très approximatif et très sommaire, de discussion montre surtout quelle est la complication du problème dans la pratique ; elle est plus grande encore si à côté de la volonté souveraine de la nation, on pose les volontés de Chambres et de gouvernement, qui s'en distinguent. Que la volonté du peuple s'affirme nettement grâce à un sentiment général, cela n'est pas fâcheux : le peuple est plus sûrement dirigé vers l'avenir par la nature providentielle, que par l'étroite vue, que permet sa seule prévision logique à défaut de sentiment. Mais il ne doit plus en être de même des pouvoirs publics. Considérons les mêmes facteurs chez un gouvernement ; il n'est représenté que par un petit nombre de volontés, n, dans une formule $\Sigma c + \Sigma i$.

C'est presque toujours le terme Σc qui l'emporte, car le raisonnement pur et la connaissance précise dominent en lui les sentiments, pourvu toutefois qu'il n'y ait point d'intérêt propre en jeu ; et cependant, l'influence peut indirectement se manifester en l'absence de contradiction ; un des membres du gouvernement qui la subit l'exerce sur les autres par l'ascendant de sa parole et de ses idées, ou bien c'est l'opinion du pays qui influe sur le gouvernement, cela comme sentiment, puisque le motif de raison spontanée doit être mis à part.

Pour que, ni les électeurs, ni les Chambres, ni le gouvernement surtout, ne s'abandonnent à des sentiments qui flattent soit leurs passions, soit leurs intérêts particuliers, il faut faire appel à une morale de la volonté, qui soumette le sentiment à la raison vraie et juste.

Il est certain que les influences mauvaises — car dans le milieu social naturel, dans la nature et par la nature, il y en a de mauvaises comme de bonnes — il est certain, dis-je, que les mauvaises n'ont point autant de prises sur les âmes morales et fortes que sur les âmes immorales et peu résistantes ; les premières ont la volonté de résister aux suggestions douteuses en opposant le devoir du bien à l'intérêt, et la franchise à la ruse.

Volonté parfaite prise comme idéal.

A la perfection des volontés est lié le devenir de l'idéal social : Si les volontés particulières doivent converger vers la volonté générale, il n'est pas moins obligatoirement nécessaire que la volonté générale converge vers une volonté parfaite. Or tout ce qui est fait dans l'intérêt d'un parti, non dans l'intérêt du bien avec ce parti, est aussi contraire à la volonté parfaite qu'à la volonté générale, laquelle n'est pas celle d'un parti, encore qu'elle puisse être soutenue par un parti parlementaire ou par un gouvernement.

Comme la raison est mesurée en elle-même avant d'établir la mesure dans sa sphère, comme la volonté raisonnable est maîtresse d'elle-même avant d'être maîtresse des autres, le parti qui est le plus bruyant et le plus violent, est d'ordinaire celui qui a le moins de raison, pour lui et dont la volonté est la moins juste ; la forte raison ne saurait résider, ni dans les débats virulents, ni dans le tumulte, ni dans les ruses, ni dans les intrigues, toutes choses qui ne dénotent que des passions en ébullition, que des idées déchaînées, que des hommes divisés par des intérêts particuliers.

Une volonté parfaite, voulant l'unité et la cherchant

avec bonne foi, la trouvant dans la raison impersonnelle permet à une volonté générale de se manifester avec une entière franchise.

*
* *

Deux choses par conséquent sont des plus désirables : que la volonté générale dans l'Etat se substitue aux volontés particulières, et que cette volonté, soit qu'il s'agisse de la nation, soit qu'il s'agisse d'une assemblée, soit du gouvernement, tende à se mettre en harmonie morale avec une volonté parfaite, avec une raison universelle. Un peuple peut se tromper, comme un homme se trompe, quand la passion seule le mène. La nation agira avec d'autant plus de conscience que sa moralité aura été plus développée, elle agira avec d'autant plus de justesse qu'elle aura été mieux instruite et mieux éclairée, e tqu'ainsi, moralement et intellectuellement à la fois, elle pourra moins être séduite.

Que l'autorité de la nation s'affaiblisse, des comités électoraux se substituant à la majorité, que le gouvernement, affaibli aussi, ne domine plus constamment les Chambres, le Parlementarisme ne tarde pas à devenir, malheureusement pour le pays, une bourse effrénée d'intérêts politiques qui n'ont qu'un souci médiocre de l'intérêt général.

Mais il appartient au gouvernement, ou au moins au Chef de l'Etat, de vouloir et d'imposer une raison désintéressée qui satisfasse la volonté nationale, avant de satisfaire celle de telle ou telle Chambre, qui la représente rarement d'une façon rigoureuse, et qui cesse de la représenter dans le cas précité ; pour cela, il faut évidemment que le Chef de l'Etat prenne l'initiative personnelle de faire surgir cette volonté souveraine, qui sur une question ouverte choisira les voies en lui laissant tous les moyens.

*
* *

Une volonté vraiment générale, absolument conforme au bien général, au bien de tous les hommes d'une société, et même ensuite à celui de l'humanité, est un idéal qui ne s'étend pas seulement au bien matériel et présent, embrassant toutes les âmes humaines, elle s'élève au bien des intelligences, au bien des êtres moraux ; alors qu'elle s'élève ainsi vers un idéal qui dépasse le besoin immédiat et qui vise jusqu'à la vie des âmes, elle s'accorde avec la volonté parfaite du monde dont la raison, sans omettre l'idéal terrestre, doit être un idéal spirituel.

Que, restant dans l'ordre des choses humaines, la volonté générale des citoyens veuille le plus grand bien à son point de vue social, en tant qu'elle participera à la Raison, elle participera tout de même à la volonté parfaite et divine, qui veut le plus grand bien à tous les points de vue, et éminemment, à ceux de la justice et de la vérité.

Au reste, l'ordre matériel n'est pas indépendant de l'ordre spirituel, l'ordre des choses n'est point étranger à l'ordre des âmes ; car, comme l'ordre d'une administration, si petite et secondaire soit-elle, n'est qu'une dépendance de l'ordre de l'Etat, parce que celui-ci l'enveloppe et lui donne ses principes, l'ordre terrestre aussi, l'ordre humain, n'est forcément qu'une dépendance de l'ordre céleste, qui enveloppe tout et qui est le principe de toute harmonie. La justice, voilà un principal attribut de l'ordre spirituel ; comment la justice sera-t-elle dans les actes des hommes si elle n'est pas dans leurs âmes ? C'est pourquoi éloignées d'aucune aspiration à la volonté parfaite, les âmes injustes et intéressées ne sauraient être en harmonie avec une volonté générale bonne, qui est, au moins en intention, un pouvoir juste et désintéressé.

Prescrivant à notre conscience de faire le bien pour lui-même, tant par amour que par raison de la perfection, la volonté parfaite produit la volonté générale ainsi qu'une application de la loi morale à la destinée de la société humaine, laquelle n'est qu'une étape de l'universelle destinée célestement sociale.

CHAPITRE IV

MORALE POLITIQUE. — DU GOUVERNEMENT DE L'ÉTAT

I. Des principes contenus dans l'idée de gouvernement.

Rien n'influe plus sur le caractère et même sur les mœurs d'une nation que ses formes de gouvernement, y compris la manière dont elles sont appliquées, le gouvernement de l'Etat étant comme la raison pratique de l'esprit national en même temps qu'il en incarne l'idée.

La raison d'être d'un gouvernement, (en tant que personnes qui gouvernent ensemble), c'est, étant la tête et le centre nécessaires d'un Etat, d'assurer avec pleine conscience à la fois l'existence politique et l'existence sociale d'un pays, c'est de s'occuper, rationnellement comme pratiquement, du bien de l'Etat et du bien général de la Société.

Si cependant le rôle d'un gouvernement consiste à administrer l'État civil, il ne consiste pas à administrer la Société, mais à la servir, et en gouvernant il ne doit faire que la servir.

Des diverses formes de gouvernement, nous nous abstiendrons de donner une description, d'en parler avec suite, après Platon, après Aristote, après Rousseau et Montesquieu, après tant d'autres illustres auteurs, qui les ont exposées tout au long avec autorité, mieux que nous ne pourrions l'espérer et le prétendre. Stricte morale à part, ce sont plutôt nos propres vues, nos propres conclusions sur des vues qui ne sont pas tout à fait neuves, que nous nous proposons de vous soumettre ici, c'est aussi plutôt pour l'usage de la nation française que nous essaierons de produire des idées politiques, cela en invoquant pour excuse l'utilité philosophique qu'il y a à en produire, quelque contestables et inachevées qu'elles puissent paraître, et en réclamant toute l'indulgence d'un lecteur qui peut en soutenir de bien différentes.

Invariable est la morale pure, la morale sociale est plus relative, et la morale politique, qui en est la partie la plus variable, se trouve très variable avec les époques, avec les peuples et avec les esprits.

Que le peuple soit le fondateur de son gouvernement en étant celui de l'Etat, par suite il lui appartient naturellement à l'origine de choisir par mode d'élection ses premiers représentants et son représentant suprême, il lui appartient non moins de les confirmer ou de les changer dans l'avenir; c'est là un principe fort ancien, qui est plus que jamais reconnu de nos jours et qui l'a été sous des noms divers, le représentant en chef de l'Etat s'appelant, tantôt président, tantôt monarque, tantôt dictateur, tantôt roi, tantôt premier consul, tantôt empereur, les représentants multiples se nomment : chefs, princes, ministres, conseillers, sénateurs, députés, premiers magistrats, etc.

A la tête d'un Etat, il faut pour l'unité de direction un pilote et un seul; d'où la nécessité d'un chef libre, qui ait sur tout la direction générale, qui commande l'exécution des lois, qui prenne les initiatives que les lois ne sauraient prévoir, qui ramène l'ordre à l'unité dans l'Etat.

En lui conférant un pouvoir actif, on lui reconnaît une responsabilité générale devant le seul pouvoir supérieur à lui, devant la nation directement.

Dans sa main, le gouvernement sera une force à orienter, il sera ce qu'est le gouvernail dans la main du pilote, mais de plus, un gouvernail intelligent qui se multiplie ; à cet effet, des directions principales représentées par chaque ministre correspondent aux grandes fonctions essentielles de l'Etat.

Le chef national et ses ministres forment le noyau gouvernemental qui doit prévoir dans le sens le plus pratique pour exécuter et pour faire exécuter par les ministères, et pour cela, il se fera aider par un conseil d'Etat, chargé, non de vouloir, ni de décider, mais de préparer et de prévoir avec lui les projets, les applications et les décrets, et tout ce qui, constituant une orientation dans le fait, est d'abord du ressort du gouvernement.

Ce conseil, jouant le rôle fixe de la boussole pour le pilote, devra ne dépendre que du premier magistrat du pays, quel que soit son titre, président ou monarque, afin que celui-ci soit éclairé, directement et préalablement, en dehors de toute influence administrative et parlementaire, en dehors des partis mobiles.

A la rigueur avec une constitution stable, il semble que l'équilibre d'un pays pourrait demeurer déjà assez bien assuré par ce seul pouvoir triple : du chef, des ministres et du conseil d'Etat, ce pouvoir ayant sous ses ordres toute administration, ce pouvoir recourant d'ailleurs au vote national, soit exceptionnellement, soit peu de fois dans l'année, pour l'adoption des lois importantes ou constitutives.

Avant le dix-huitième siècle, en effet, la plupart des pays du monde ont normalement fonctionné, à peu de chose près, au moyen d'une organisation semblable en principe. A présent, chacun sait que quand les Chambres ne siègent pas, la marche régulière de l'Etat ne paraît pas en souffrir et que la tranquillité publique n'en est souvent que plus complète.

Mais il faut croire pourtant que les Chambres constitutionnelles, instituées depuis plus d'un siècle, sont nées de l'expérience, qu'elles répondent à des besoins modernes ; elles se sont conservées comme des organes supplémentaires, comme des puissances de réserve qui sont utiles à certains moments, quoiqu'embarrassantes à d'autres, comme des instruments de progrès législatif ; elles ont leur utilité constante, parce que l'apparition brusque des problèmes nouveaux et la complication des problèmes sociaux appellent des discussions complexes comme des critiques continues, et que désormais un gouvernement et un conseil d'Etat important ne suffiraient guère à débattre et à trancher toutes les questions qu'ils posent, étant absorbés par l'action pressante et nécessaire.

Ainsi dans l'Etat moderne, il y a lieu de fonder une chambre délibérative qui étudiera les lois et leurs résultats ; mais là où on en a créé deux, comment se justifie rationnellement, cette division de pouvoir, ce double

Parlement? C'est d'abord dans un but de contrôle qu'on peut justifier l'existence de deux chambres délibératives en dehors du gouvernement : d'une Chambre qui légifère et d'un Sénat qui revoit, qui critique et qui valide, sauf corrections, les lois que la première a adoptées ; c'est ensuite dans un but de limite et de frein, pour tempérer et équilibrer la première chambre par une seconde qui discute et atténue ses décisions, d'autant qu'elle tend à prendre trop de liberté et trop de puissance ; on conçoit donc que la première assemblée devra avoir plus d'initiative, et que la seconde devra avoir plus de pondération. L'expérience montre que cette dernière n'assure pas toujours l'équilibre sans un gouvernement fort qui domine l'une comme l'autre.

Arrive-t-il qu'une chambre législative ne se se borne pas à étudier des lois qui sont réclamées par l'Etat, qu'au lieu de se renfermer dans des travaux techniques dictés par la situation, elle se mêle sans cesse du gouvernement et de la distribution des places, qu'elle dépense toute son activité à des luttes de parti, alors elle substitue l'intérêt des partis et des personnes à l'intérêt véritable du pays, alors elle paralyse le pouvoir exécutif et lui enlève l'initiative, alors elle trouble l'opinion des citoyens et elle détruit la stabilité des administrations, alors elle renverse tous les gouvernements et empêche toute solidité de l'Etat.— Cela se passe ainsi par une suite logique et naturelle dès que cette chambre ne reconnaît plus d'autre maître qu'elle-même, dès qu'elle s'échappe à toute responsabilité et à toute discipline vis-à-vis du gouvernement, auquel il faudrait qu'elle soit soumise dans certaines limites, loin de vouloir le soumettre.

Si affranchie à ce point, ne faisant que sa volonté particulière, elle s'attribue elle-même ses travaux, si, ce qui est encore plus irrationnel, elle va jusqu'à se donner à elle-même ses lois, elle se met évidemment au-dessus du pouvoir souverain comme au-dessus du pouvoir dirigeant exécutif, qui a effectivement à l'exercer, elle se substitue illégalement au peuple et au Chef du peuple, qui ont seuls le droit d'agir avec priorité.

Aussi dans ce cas de l'abus parlementaire, est-il urgent pour une nation de fortifier le pouvoir exécutif d'une part, de changer et de restreindre, d'autre part, un pouvoir législatif, dont le rôle normal doit être surtout de mettre des lois appropriées à la disposition de l'éxécutif.

Principes résumés.

A mentionner d'abord les principes dits de 89, qui ont fondé le droit politique ou constitutionnel du siècle ; ils consistent essentiellement :

1° Dans la souveraineté de la nation ; 2° dans la séparation des pouvoirs qui en découlent ; 3° dans le vote de l'impôt en général par des représentants de la nation ; 4° dans la responsabllité des agents du gouvernement ; 5° dans l'égalité civile devant l'impôt et devant la loi pénale ; 6° dans les libertés sociales, liberté individuelle, liberté de conscience, liberté de culte, liberté du travail, de droit de réunion et droit de pétition ; 7° dans l'inviolabilité de la propriété ; 8° dans la gratuité de la justice ; 9° dans les droits politique de tous à élire et à être élus pour l'organisation et l'exercice des pouvoirs ; 10° dans la distinction de l'autorité judiciaire et du pouvoir exécutif.

Ces principes rappelés pour mémoire, qu'il nous soit permis d'émettre pour notre propre compte sept principes généraux qui s'y rattachent plus ou moins, soit comme des formules différentes, soit comme des développements plus particuliers au gouvernement.

I. Comme premier principe de gouvernement on doit, d'après ce que nous avons vu précédemment, poser absolument l'unité du pouvoir exécutif, et celle de toute la hiérarchie administrative sous ce pouvoir, sous le Chef de l'Etat.

II. Un second principe est que le pouvoir exécutif ait une liberté d'action et de prémotion aussi complète que possible, qu'il participe donc à la législation de plusieurs manières : 1° par une initiative des lois à mettre en délibération successivement en tant que projets opportuns. 2° par le droit de suspension provisoire, en général, des lois nouvellement votées, 3° par le droit d'en faire l'application provisoire, 4° par le droit de proposer la révision constitutionnelle à la nation.

III. Un troisième principe, comme corollaire des deux premiers, c'est qu'en vertu de sa prépondérance sur tous les pouvoirs, autres que celui de la nation elle-même, le pouvoir exécutif ait toute la responsabilité des actes de l'Etat, et qu'en conséquence, il doive à la nation directement, au début toute confirmation de son pouvoir, et au terme, tout renouvellement de son pouvoir.

IV. Le recours du gouvernement à la nation, au vote national, et non à des candidats élus à des majorités de parti, pose un quatrième principe, pour trancher, après instruction, les questions intérieures graves et la question de la Constitution.

V. Le cinquième principe est, pour l'application de ceux-ci, que tout congrès national qui a pour objet de réviser la Constitution, ou d'élire un chef d'Etat, ou encore d'instituer les pouvoirs des Chambres, leurs règles et leurs rapports entre elles et avec le gouvernement, soit choisi par le peuple en dehors des Chambres et des fonctionnaires, — c'est-à-dire ne se compose pas d'intéressés pris pour juges, — ce congrès ayant d'ailleurs toute faculté, une fois nommé, de consulter les dernières Chambres, et d'élire à la première magistrature un homme qui en a fait partie ou qui n'en n'a point fait partie. Aucun fonctionnaire, aucun corps de fonctionnaires, ne saurait se conférer des pouvoirs, ni des honoraires, lui-même à lui-même, sans commettre un abus illégal, sinon un détournement coupable.

VI. Que l'administration à tous les degrés hiérarchiques soit irréprochable, inaccessible aux recommandations politiques, fermée absolument aux influences parlementaires, dont elle ne devra prendre aucune en considération, — voilà un sixième principe, qui est commandé tant par l'égalité et par la justice que par l'ordre. Nul fonctionnaire ne pourra être membre de Chambres élues, et pour ce qui est des Chambres non élues, ses commissaires, fonctionnaires indépendants, ne pourront cumuler d'autre fonction qu'à titre exceptionnel.

VII. Le septième principe que nous proposerons sera un principe de respect social : l'Etat doit réclamer des citoyens, de la presse et des associations, le respect pour les bases naturelles et morales de la société : le respect de la famille, le respect de la propriété, qui est la chose et le lien matériel de la famille, le respect de la religion, qui fait partie de l'esprit de la famille et qui étend l'attachement spirituel de la famille, sous des formes diverses, et enfin, le respect de l'autorité en général. — Par conséquent, le devoir du gouvernement est de poursuivre toute attaque systématique contre la famille, contre la propriété, contre la religion, contre l'idée de la patrie, contre le principe d'autorité légitime, et il est, le cas échéant, de révoquer des députés comme des fonctionnaires qui entreprendraient des attaques manifestement antisociales.

Dans l'ordre de la famille, dans celui de la propriété et dans celui de la religion, la lutte ne doit être que contre les hommes, qui en faussent les idées sacrées, tandisque dans l'ordre des voies politiques, la lutte doit être entre les idées plutôt qu'entre les hommes. — Des principes semblables ont déjà été émis d'autres manières par assez de bons esprits, notamment par le duc de Broglie.

*
* *

Comment la nation souveraine arrivera-t-elle à manifester une volonté sur un objet déterminé avec connaissance de cause ? — A propos de toute décision considérable, telle que le vote de lois importantes, telle que l'élection d'un Président, c'est, il semble, en premier lieu au gouvernement de l'Etat qu'appartient moralement l'initiative de proposition au peuple, c'est au pouvoir régnant qu'il appartient le mieux de proposer des lois et même des personnes à la nation, qui, devant plusieurs propositions possibles, disposera seulement avec des bases suffisantes de discernement, qui pourra refuser les lois, qui pourra préférer une autre personne, mais qui se prononcera, quoiqu'il en soit, avec des éléments déjà judicieux de comparaison et d'appréciation.

La nation entière n'est pas toujours appelée à se prononcer à la fois sur un point, les élections pour les assemblées sont des élections locales ou régionales ; dans ces cas, pour ce qui est des choix de représentants, de députés et de sénateurs, pour ce qui est d'élire un congrès, ce seront les maires qui pourront faire des propositions, pour préparer le discernement des électeurs en dehors des intérêts particuliers qui les sollicitent ; pourquoi par exemple les maires ne dresseraient-ils pas chacun une liste de citoyens éminents, en tête de laquelle figureraient, bien entendu, les candidats qui se déclarent eux-mêmes ?

La moindre utilité de cette mesure facile serait que, l'ambition et l'intrigue ne resteraient plus à peu près les seules voies, par lesquelles des hommes se désignent aux suffrages des électeurs.

II. Système de gouvernement.

Que ces idées constitutionnelles et gouvernementales, bien que générales, aient surtout en vue le gouvernement du pays qui nous est cher, c'est ce que l'on devine aisément, et c'est ce qui paraîtra encore davantage, maintenant que nous allons produire des idées plus particulières et des principes plus spéciaux.

Outre sa forme essentielle, qui est fondée sur un petit nombre de principes politiques, un système de gouvernement peut comprendre bien des formes subordonnées dont le choix ne se présente qu'ensuite.

Quelle est la forme de gouvernement le plus propre à la nation française ?

« Si, dit Rousseau (1), dans les différents États le « nombre des magistrats suprême doit être en raison « inverse du nombre des citoyens, il s'ensuit qu'en gé- « néral le gouvernement démocratique convient aux « petits États, l'aristocratique aux médiocres et le monar- « chique aux grands » ; — selon une telle loi on reconnaîtra par exemple, que le gouvernement démocratique est celui qui convient le mieux aux cantons suisses, que le gouvernement aristocratique est celui qui convient le mieux à la Belgique, et que le gouvernement monarchique est celui qui convient le mieux à la Russie ; « mais « comment, ajoute-t-il avec raison, compter la multitude « des circonstances qui peuvent fournir des exceptions ».

La forme de gouvernement la plus propre à la France, si nous interprétons l'idée de Rousseau dans le sens de la nôtre, c'est-à-dire dans le sens de l'union des contraires, ce serait, soit une république qui ressemblerait fort a une monarchie, soit une monarchie qui ressemblerait fort à une république ; il reste qu'on invoque les circonstances exceptionnelles.

Dans la première solution, celle d'une *monarchie républicaine*, le monarque constitutionnel serait en France ainsi qu'un président à vie, et dans la seconde solution, celle d'une *république monarchique*, le Président, plus stable et moins passif que d'ordinaire, y serait quelque

---

(1) Livre troisième, chapitre III, du *Contrat social*.

chose comme un monarque constitutionnel à temps. Un Président stable ou un monarque, qui, l'un ou l'autre de nom, préside en chef incontesté, qui puisse pendant des années maintenir un bon gouvernement, travailleur, persévérant, fort, des ministres durables avec lui acquérant une expérience et une autorité toujours croissantes et profitables d'autant plus, ce gouvernement ayant dès lors des lignes de conduite bien déterminées et bien justifiées, tel est peut-être le régime qui est le plus désirable aujourd'hui pour la France, après des périodes d'instabilité et de recommencement sans fin.

Libertés du chef d'Etat et des Ministres.

Que ce chef, sûr de son mandat, ne craigne point de s'adresser à l'occasion, aussi souvent qu'il est utile, avec précision et avec franchise à la nation elle-même, pour éclairer la conscience nationale comme pour assurer sa communion à lui avec la volonté générale qu'elle détient uniquement. Si hautement honoré et respecté par les fonctionnaires, que doive être *à priori* le premier citoyen de l'Etat, qu'il se nomme président ou roi, par les parlementaires et par la presse autant que par les fonctionnaires, le respect de tous les citoyens au début ne peut être qu'un crédit pour l'élu, et l'honneur qu'une reconnaissance de l'élu par la nation, avant qu'il n'ait pleinement conquis par le plus digne usage de sa noble fonction, le droit mérité aux honneurs et aux hommages de tous les esprits.

Après un chef d'Etat indiscuté, il n'est pas moins nécessaire que le gouvernement ne soit pas mis en discussion à tout moment par ceux qui ont le plus grand devoir de l'aider et de le servir, — nous voulons parler des parlementaires et de la presse, qui souvent entravent et combattent injustement le gouvernement à plaisir, et qui arrivent par là à tromper l'opinion publique sur sa valeur.

De bons ministres doivent être tout à leur affaire, leur temps est des plus précieux pour l'Etat. C'est déjà trop qu'en temps ordinaire on admette qu'ils puissent perdre seulement une journée sur six devant les Chambres ; car ils devraient être les directeurs véritables de leurs ministères, et considérer le reste comme l'extérieur.

Peut-être serait-ce une bonne chose que peu de temps après l'entrée du ministre, le directeur de son département reçut de lui un congé de six mois, ou quelque mission dans les colonies, et voici pourquoi : *primo*, afin que le nouveau ministre apprenne à suppléer celui-ci effectivement et à voir tout de ses propres yeux, *secundo*, afin qu'il vérifie sa méthode et ses procédés administratifs, *tertio*, afin qu'il ait les mains tout à fait libres pour découvrir les réformes intérieures et pour les réaliser en dépit des intérêts particuliers du directeur et du personnel. Puisqu'un bon chef d'industrie doit savoir faire par lui-même, à plus forte raison doit-il ne point en être autrement d'un chef suprême d'administration, d'un bon ministre. L'utilité de suivre lui-même ses affaires est bien plus grande encore pour le ministre que pour le patron industriel, car les pertes, qui sont possibles par l'incurie du ministère, sont dans des proportions qui dépassent en gravité comme en prix toutes celles d'une grande industrie.

Des responsabilités quant aux réformes administratives.

Dans le système de l'Etat, les ministères et les administrations sont pour ainsi dire, comparables à des arbres sociaux, qui ont un besoin fréquent d'être retaillés par le fermier et par ses jardiniers, par exemple un besoin d'être émondés tous les cinq ans ou tous les sept ans environ, sans considération de routine, ni de faveur ; et combien y a-t-il d'années, je vous le demande, que nos ministères, que nos grandes administrations n'ont point été taillées, émondées, n'ont point été nettoyées en quelque sorte des parasites et des plantes grimpantes ?

Pour continuer la métaphore, ce sont, vous l'avouerez, des ceps qui donnent trop de feuilles, trop de branches stériles, par suite pas assez de raisins, et encore leurs raisins sont-ils pleins de phylloxeras et autres suceurs qui absorbent une bonne partie du suc. Or le propriétaire lésé, le citoyen français si l'on veut, est en droit de réclamer au fermier des mesures urgentes et sérieuses pour rentrer dans ses frais. La nation, propriétaire inaliénable, s'adressera-t-elle aux ministres qui sont ses gérants ? — Mais sous un parlementarisme à outrance, créatures d'une majorité, serviteurs tacites des parlementaires, les ministres s'effacent derrière la Chambre, ils déclinent la responsabilité de faire des réformes que celle-ci ne les a pas prié de faire, et pour cause.

Un pouvoir exécutif qui n'est pas libre dans ce qui est de l'exécution, cesse d'être responsable ; et d'ailleurs comment atteindrait-on, à sa place, des hommes qui, sortant de l'ombre pour y rentrer, qui, ne faisant que traverser les ministères, perdent une responsabilité passagère avec leurs portefeuilles.

Si sous un tel régime toutes les fonctions publiques ne sont pas livrées à l'élection, toutes sont réclamées par les électeurs aux élus, toutes ne dépendent plus que des élus, qui, loin d'en supprimer d'inutiles, en créent d'une façon continue, exploitant leur mandat ainsi qu'un droit de places à leur usage.

Les passions des électeurs, leurs intérêts privés, les intérêts particuliers des députés, les résistances des administrations, toutes ces forces nuisibles là, ne font que dominer le pouvoir qui doit agir, mais qui se débat vainement entre les nécessités artificielles, qui sont le fait d'un parlement, et entre les nécessités réelles du pays, laissées au second plan. Non content de s'immiscer dans toutes les places et dans toutes les directions administratives, le pouvoir législatif, qui dispose du budget comme d'un moyen de domination sur le gouvernement, s'arroge au fond le pouvoir exécutif en puissance, en faisant sentir à tout propos à celui-ci qu'il n'est et qu'il ne peut demeurer qu'en lui obéissant en acte.

Usurpation parlementaire. Quand les ministres sont réduits à n'être vis-à-vis du parlement, que des employés qui ont à rendre compte journellement des petites choses de leur ressort, quand ils ne peuvent plus prendre de décisions secondaires sans l'intervention et l'approbation de la Chambre, on ne peut plus douter qu'il n'y ait une usurpation parlementaire qui fausse toute la constitution.

Or, de l'usurpation parlementaire, voici ce que dit avec beaucoup de force, avec beaucoup de vérité, avec une remarquable prévision, un homme qui a toute qualité pour être écouté, le duc de Broglie, que Louis-Philippe eut pour ministre, qui, ayant vécu de 1785 à 1870, acquit l'expérience du siècle jusqu'à la dernière république, et trouva en cela une supériorité de vue sur Rousseau :

« La dictature d'une assemblée est la pire des institu-
« tions. C'est le fléau dont la dictature militaire est le
« remède, ou plutôt, c'est tout à la fois la fille et la mère
« de tous les fléaux, dont la dictature militaire a pour
« mission de purger le monde.

« Exempte de toute responsabilité positive, puisque
« tous les pouvoirs lui appartiennent, exempte de toute
« responsabilité morale, puisque ses actes sont collec-
« tifs et partant anonymes, elle emporte tout de haute
« lutte, elle tranche pêle-mêle les questions et les exis-
« tences, elle foule aux pieds les droits, les intérêts, à
« mesure qu'elle les rencontre sur son chemin. Sans
« passé qui l'encadre et qui la contienne, sans avenir
« qui la dirige et qui la modère, subsistant d'expédients,
« et au jour le jour, tout lui est bon ; point d'adminis-
« tration, point de finance (1) ; on prend où on peut ;
« point de justice ; il faut sauver la patrie tous les jours
« et à toute heure, renfermer la Constitution dans l'arche
« sainte, voiler la statue de la liberté ; il y a des phrases
« pour toutes les sottises, pout toutes les folies, pour
« tous les forfaits ».

Combien parfois ce jugement semble vrai, *actuel*, alors qu'on voit les interpellations les plus étrangères à l'étude législative accaparer le travail d'une Chambre, et

---

(1) On pourrait dire à présent « point de budget » en propre terme.

dégénérer en discussions violentes et en tumultes comme arguments irrésistibles ! que c'est bien là le trop fréquent tableau de notre parlement, et d'autres sans doute, dans les jours de passion d'une fin de siècle fébrile !

Une Chambre usurpatrice, ne faisant plus aucun cas de la hiérarchie et se mettant au-dessus de tout pouvoir, n'accepte plus rien de supérieur à elle ; écarter systématiquement toutes les supériorités et tous les hommes de caractère qui font la grandeur de l'Etat, mais qui mettraient une subordination dans la Chambre, ce n'est pas le moindre reproche qu'on doit faire justement au régime parlementaire actuel.

Les médiocres ne peuvent espérer de supplanter que les médiocres, à moins qu'ils se liguent contre les hommes *de valeur*, d'une valeur dangereuse pour eux-mêmes.

Ceux en place sont d'autant plus indulgents à ceux qui les ont placés, qu'ils ne doivent pas leurs situations à leur seule supériorité.

Les uns et les autres redoutent les hommes clairvoyants, sans attaches, inviolables par les menaces comme par les promesses.

C'est la morale politique qui l'exige : telle conduite révèle des volontés intéressées et des consciences basses, ou faibles, dont rien de bon ne saurait être le fruit.

III. Elections des parlementaires ; que le principe de la division du travail doit être appliqué pour le recrutement comme pour l'organisation des Chambres législatives.

Si la maladie est dans le parlementarisme, ou plutôt, si le mal provient de ce que les parlementaires sont élus par des minorités, relatives, dont ils ne font que poursuivre les intérêts en tant qu'ils sont liés aux leurs, on peut imaginer qu'on supprimera ce mal en supprimant l'électivité des Chambres, en supprimant le parlementarisme, au moins le parlementarisme électif, pour un vice inné. Cette électivité n'est après tout, en fait, qu'une manière bien indirecte de manifester le vote national, et elle aboutit à une représentation souvent plus apparente que réelle de la volonté nationale ou des volontés de tous ; car comment des hommes arrivent-ils à passer comme représentants d'une population ? — Les candidats concurrents à la députation ne se créent-ils pas d'ordinaire eux-mêmes, chacuns dans leur arrondissement, une petite minorité intéressée qui les pousse ? sont-ils dès lors choisis par la majorité électorale qui les ignore, à laquelle ils semblent imposés par propagande électorale parmi tant d'autres concitoyens, soit plus modestes, soit moins intrigants, soit rebutés par les mœurs électorales. Il ne reste guère à la masse des électeurs peu mêlés à cette politique que de choisir, bon gré mal gré, entre les trois ou quatre candidats donnés celui qui paraît s'accorder le mieux avec leur opinion.

Cette suppression de l'électivité des parlementaires, pour être une solution simple, serait une solution radicale qui serait difficile à faire accepter en temps ordinaire. Avant d'user d'un remède si violent que la suppression, il y a à essayer encore d'améliorer le régime électoral en le changeant plus ou moins profondément.

Il faut chercher une représentation plus vraie, *il faut obtenir que la qualité l'emporte sur la quantité dans le vote*, il faut que la valeur des suffrages entre dans leurs nombres.

Ainsi que cela a lieu d'une certaine manière en Belgique, d'une manière qui n'est pas du tout la seule possible, *chaque citoyen pourrait avoir droit à un nombre de votes qui dépende de ses titres sociaux, de sa valeur sociale,* à un coefficient de représentation à peu près proportionné à sa valeur sociale, c'est-à-dire par exemple : en raison de son instruction, en proportion de sa situation contributive, de son mérite professionnel, de son expérience de père et de son rang de chef.

Etant donné la difficulté de transition et la question d'application, pour passer du vote uniforme à un système de vote plural non uniforme, de quelle façon devra-t-on s'y prendre pour ne pas rencontrer d'oppositions graves ? ce n'est pas en effet *à priori*, le vote populaire, le vote du nombre pur, qui saura en vouloir et en permettre l'application. C'est une chose délicate à faire admettre, en démontrant aux classes les moins élevées qu'elles profiteront aussi bien de la pluralité, et qu'elles trouveront un meilleur exercice de leurs droits dans un vote plus équitable.

Un moyen d'arriver logiquement à cette transformation, ce serait peut-être de commencer par supprimer tout à fait, jusqu'à nouvel ordre, la Chambre existante issue du suffrage actuel, et cela grâce à quelque pouvoir dictatorial, ou même présidentiel, sous le prétexte suffisant d'une révision ; puis pour suppléer à ce moment à l'absence de parlement, d'établir progressivement sans aucunes attaches des commissions préparatoires toutes techniques. De telles commissions seraient chacune élues, comme il est naturel, logique, par tous les électeurs spécialisés avec certain titre qui en connaissent.

La réunion de ces commissions d'origines diverses ne formerait encore qu'une petite assemblée provisoire, mais en la complétant et en la transformant, on la rendrait définitive ; pour cela, après les voix des spécialistes, on admettrait en sus : une voix pour tous les citoyens électeurs, deux pour tous les pères de famille, trois pour ceux qui ont le plus d'enfants, et enfin, on limiterait les cumuls de voix qui font double emploi.

Aux commissions techniques primitives, formées de représentants élus chacun par une spécialité, viendraient s'ajouter des représentants élus sans distinction par le système combiné de tous les votes, c'est-à-dire par un vote plural qu'on achèverait de régler, une fois le principe adopté, introduit à l'aide du motif spécial, et puis, étendu à tous les électeurs.

Finalement, par exemple :

	Voix spéciales		Voix générale		Voix de famille	
Un industriel disposerait de :	1	+	1	+	0 à 2	
Un contremaître, ou un ouvrier médaillé, un gérant, un artiste breveté	1	+	1	+	0 à 2	Cumul maximum 4 voix.
Un propriétaire, ou un agriculteur, ou un contribuable à minimum	1 à 2	+	1	+	0 à 2	
Un professeur, ou un prêtre.	1	+	1	+	0 à 2	
Un magistrat, ou un fonctionnaire équivalent, ou un ancien député	1	+	1	+	0 à 2	
Un ingénieur, ou un diplômé équivalent	1	+	1	+	0 à 2	
Un officier de carrière, etc.	1 à 2	+	1	+	0 à 2	

Ainsi de suite pour toutes les fonctions sociales d'une certaine qualité, en toute catégorie, et en tenant compte de l'équivalence et de l'acquis.

Remarquez que le principe qui a été posé, est un principe politique de la division du travail, et par suite, un principe de la distinction des qualités, qui s'applique aux fonctions législatives comme aux élections à ces fonctions, que nous appliquerons encore entre les pouvoirs législatifs en dessous du Chef de l'Etat, cela dans le paragraphe suivant.

EXTRAIT DE LA CONSTITUTION BELGE DE 1893.

Droits généraux :

Liberté individuelle garantie par la loi ; liberté des cultes et exercice public ; liberté de l'enseignement ; liberté de la presse ; droit de s'assembler paisiblement et sans armes en se conformant aux règlements, sans autorisation préalable, pourvu que le rassemblement se fasse en lieu clos ; droit de s'associer sans mesure préventive ; droit d'adresser aux autorités autres que les chambres des pétitions signées ; droit d'exercer des poursuites contre les fonctionnaires publics pour faits de leur administration sans autorisation préalable, sauf ce qui est statué à l'égard des ministres.

Pouvoir législatif exercé collectivement par le Roi, par la Chambre des représentants nationaux et par le Sénat, avec initiative de chaque.

Au pouvoir législatif revient le vote du budget et l'interprétation des lois, le pouvoir exécutif appartient au roi et le pouvoir judiciaire aux cours et tribunaux. Les conseils communaux, ou provinciaux, règlent leurs intérêts exclusifs d'après les principes établis par la Constitution.

De la Chambre des représentants, vote plural.

Un vote simple est attribué aux citoyens âgés de 25 ans accomplis, domiciliés depuis un an au moins dans la même commune et qui ne se trouvent pas dans l'un des cas d'exclusion prévu par la loi.

Un vote supplémentaire est attribué à raison de chacune des conditions suivantes :

I. Etre âgé de 35 ans accomplis, être marié, ou veuf, ayant descendance légitime, et payer à l'Etat au moins cinq francs d'impôt du chef de la contribution personnelle sur les habitations ou bâtiments occupés, à moins qu'on n'en soit excepté à raison de sa profession.

Ou bien encore, étant âgé de vingt cinq ans accomplis, être propriétaire, soit d'immeubles d'une valeur non inférieure à 2000 francs à établir sur la base du revenu cadastral, ou d'un revenu cadastral en rapport avec cette valeur ; soit d'une inscription au grand-livre de la dette publique ou d'un carnet de rente belge à la caisse d'épargne d'au moins cent francs de rente.

II. Deux votes supplémentaires, au total trois, sont attribués aux citoyens âgés de vingt cinq ans accomplis qui se trouvent dans l'un des cas suivants :

A. Avoir un diplôme d'enseignement supérieur ou un certificat attestant qu'on fréquente un cours complet d'enseignement moyen de degré supérieur, cela sans distinction entre les établissements d'instruction, publics et privés.

B. Remplir ou avoir rempli une fonction publique, occuper ou avoir occupé une position, exercer ou avoir excercé une profession privée, qui impliquent la présomption que le titulaire possède au moins les connaissances de l'enseignement moyen du degré supérieur, la loi déterminant ces fonctions, positions et professions avec leur durée nécessaire.

Nul ne peut cumuler plus de trois votes ; le vote est obligatoire et a lieu à la commune, sauf exceptions prévues par la loi.

Les membres de la Chambre, élus pour quatre ans, sont renouvelés par moitié tous les deux ans, sauf en cas de dissolution, où la Chambre est renouvelée intégralement ; il n'ont d'autre condition à l'éligibilité que d'être eux-mêmes électeurs.

Du Sénat.

Partie du Sénat est élue par les électeurs âgés d'au moins trente ans, si la loi ne tolère pas un âge moindre, partie est élue par les conseils provinciaux ;

Les sénateurs sont nommés pour huit ans et renouvelables par moitié tous les quatre ans ;

Tout citoyen est éligible au Sénat sous les conditions suivantes :

Etre, cela va sans dire, belge par naissance ou par grande naturalisation, en possession de ses droits civils et politiques, et domicilié en son pays ; être âgé de 40 ans au moins.

Avoir des impositions directes, qui patentes comprises, atteignent le chiffre de 1200 francs, ou bien être propriétaire, soit usufruitier, d'immeubles situés en Belgique, dont le revenu cadastral n'est pas inférieur à 12.000 francs.

Toutefois, les sénateurs élus par les conseils provinciaux se trouvent dispensés de toute condition contributive ; ils ne peuvent être pris dans l'assemblée qui les élit, ni en avoir fait partie moins de deux ans avant l'année de l'élection.

Du Chef de l'Etat et des ministres.

Le roi constitutionnel, chef de l'Etat belge, n'a d'autres pouvoirs que ceux que lui attribue la constitution et n'a pas de responsabilité personnelle ; ses ministres, contresignant tous ses actes pour les rendre effectifs, sont responsables ; il les nomme et il les révoque, il confère les grades dans l'armée et il nomme aux emplois d'administration générale et de relation extérieure, non à d'autres sans une loi spéciale. Il sanctionne et promulgue les lois, faisant les règlements et arrêtés nécessaires pour leur exécution, dont il ne peut se dispenser et qu'il ne peut suspendre ; il commande les forces militaires, déclare la guerre, contracte les traités, etc.

Il a le droit de convoquer extraordinairement, d'ajourner et de dissoudre les deux Chambres, mais l'ajournement ne peut excéder un mois et la dissolution doit être suivie dans les quarante jours d'une convocation des électeurs.

Les ministres ont leur entrée dans les Chambres pour s'en faire entendre quand ils le demandent, et les Chambres peuvent requérir leur présence.

La Chambre des représentants a le droit de mettre les ministres en accusation et de les traduire devant la Cour de cassation, toutes chambres réunies.

IV. Equilibre des pouvoirs.

Le principe de la division du travail législatif, du moment où les pouvoirs sont séparés, s'étend encore à ces divers pouvoirs ; la répartition du travail entre eux comme des droits entre eux doit concourir à les lier et à les équilibrer ensemble.

Nous considérons par suite que l'œuvre législative doit être le produit successif de trois pouvoirs, qui ébauchent, qui déterminent et qui retouchent les lois, ces trois pouvoirs, ou ces trois Chambres, étant *le Conseil d'Etat*, — un conseil d'Etat, important, tel que nous l'avons déjà entendu, — *une Chambre de représentants et un Sénat*.

A la première Chambre, au conseil d'Etat, lequel est suggéré par l'expérience et par l'idée pratique des membres du gouvernement, il appartient d'abord d'ébaucher la loi, l'avant-projet de loi qui servira de point de départ, de matière, à la Chambre des députés, il appartient de poser le problème ou le but, en indiquant une solution principale ; à la Chambre ensuite le gros ouvrage, la confection d'un projet développé dans tous ses points, la commission spéciale étudiant en détail les solutions, proposant un texte déterminé, dont les articles seront soumis un à un à la discussion et au vote de toute l'assemblée délibérante ; enfin, un projet de loi voté par elle passe entre les mains du Sénat qui l'analyse, le critique, réclame la modification des parties faibles, le valide après entière satisfaction. De ce concert législatif la loi est née ; avec une certaine latitude de temps l'exécution en est ordonnée par le Chef de l'Etat et l'application en est faite par le gouvernement. Ainsi chaque pouvoir a travaillé soit au plan de la loi, soit à son mécanisme, soit à sa mise en marche.

Mais c'est la Chambre parlementaire qui construit définitivement toutes les pièces de la loi, et comme il y a des lois de toute nature, il faut qu'elle soit composée aussi d'ouvriers de toute nature, il faut qu'elle soit divisée au point de vue du travail, qu'elle soit donc formée dans son intégralité d'hommes spéciaux, que leurs spécialités n'empêcheront d'ailleurs nullement de traiter des choses générales, ce qui est encore une sorte de spécialité.

Du déséquilibre des pouvoirs, résulte le danger d'une assemblée qui se les donne tous et qui ne connaît plus de frein, moins tempérée que si elle était seule.

Grâce à la division de la puissance délibérative et législative en deux Chambres, la seconde, le Sénat qui est composé de vieux parlementaires, peut déjà par sa prudence arrêter les écarts excessifs de la première, lui opposant des raisons, la rappelant au sang-froid, à une nouvelle réflexion, à un différement sage.

Pour que le Sénat puisse modifier l'esprit de la Chambre, il importe que par faiblesse il ne laisse pas amoindrir, qu'il se mette en général du côté du pouvoir exécutif, et qu'il soutienne plutôt le gouvernement que la Chambre ; il ne servira guère de contrepoids s'il est imbu du même esprit que la Chambre, si étant élu comme elle et issu d'elle comme une commission, il se laisse aller sur la même pente et ne prend pas de propre initiative.

Que le rôle du Sénat soit devenu trop passif, que le chef de l'Etat ne puisse plus s'appuyer sur le Sénat, le pouvoir exécutif ne saura plus reprendre la force, dont il a besoin, qu'en la redemandant à la nation qui a toujours le droit de la lui donner.

Programme de révision.

Afin de maintenir à sa place un parlementarisme envahissant, afin de le limiter en des règles correctes, une certaine révision est nécessaire ; un premier moyen de rétablir l'équilibre, qui pourrait faire l'objet d'une révision, serait que le pouvoir dirigeant crée un troisième pouvoir législatif outre le Sénat et la Chambre des députés, — à savoir qu'il se fortifie par un Conseil d'Etat sérieux, qui sous son inspiration étudierait en des avant-projets les grandes lignes des lois, et qui donnerait avec eux le tour de ses projets à la Chambre, tour obligatoire en général, qui d'autre part, quant aux lois votées, se concerterait avec le gouvernement pour l'application, soit immédiate, soit progressive, de ces lois.

Ensuite, pour faciliter la transition d'un parlement trop indépendant à un parlement, qui, dans ces conditions le serait moins, un second moyen auxiliaire est la dissolution de la Chambre existante sans renouvellement immédiat. A cet effet, un congrès se trouvera appelé à la remplacer pendant une période de six mois au moins, pour y établir de nouveaux errements ; ce congrès, bien entendu, devant être choisi en dehors de tous les membres de la Chambre dissoute.

L'emploi de tels moyens d'ailleurs, comme toute révision, est subordonné à leur adoption par un congrès national, *qui logiquement ne peut être pris dans le sein des Chambres*, et qui ne doit pas prolonger son existence après qu'il a assuré la révision. Néanmoins, la révision de la Constitution ayant été faite par lui, avant de se retirer, il assurerait quelques mois d'une façon intérimaire le service de la Chambre des députés pour y faire la première application des règlements nouveaux dans toute leur rigueur, et pour y créer des habitudes nouvelles qu'ils transmettrait à une Chambre nouvelle.

Le conseil d'Etat, élargi, devenant ainsi une fonction capitale au lieu d'une fonction administrative, en pratique deviendrait un intermédiaire normal, d'une part entre les divers ministères, d'autre part entre les Chambres et les ministres, — ministres qui, désormais affranchis des interpellations personnelles à la tribune, seraient rendus à leurs travaux, — et alors il devrait comprendre jusqu'à cent membres. Au contraire, pour ce qui est de la Chambre représentative révisée, elle pourrait être grandement réduite en nombre ; si l'on remarque que cette préparation du Conseil d'Etat simplifie ses travaux, si l'on conçoit qu'une foule d'interpellations stériles pourront être supprimées par l'entente entre le conseil d'Etat et la commission compétente de la Chambre, par l'ordre obligé des délibérations, par le renvoi de toutes les interpellations de politique intérieure, en général à une séance matinale exclusivement, si l'on tient compte du trop grand nombre de députés actuels, et de l'inutilité de la moitié pour des travaux qui réclament des études spéciales, on reconnaîtra qu'une Chambre, revisée ainsi, fonctionnera fort bien avec trois cent membres, qui seront divisés rigoureusement en commissions.

Rappelons encore, ce que nous avons proposé : que les administrations se refusent invariablement à tenir compte des recommandations dont les députés les accablent pour leurs électeurs ; or, ces correspondances et démarches étant supprimées, laisseront à ceux-ci beaucoup de temps à consacrer au travail législatif en dehors des séances où ils assisteront.

Pour tous ces motifs, et invoquant par dessus le principe de Rousseau : qu'il faut le moins de représentants possible, nous conclurons qu'une diminution de leur nombre s'impose au profit de leur qualité.

Les députés pourraient être rémunérés en partie en raison de leurs travaux, sans que leur traitement total dépasse douze mille francs, avec un fixe de huit mille ; ils sont déjà payés par l'honneur ; et il en est de même des autres magistratures législatives, sénat et Conseil d'Etat ; car, dit Aristote dans sa politique, il n'y a point de maxime plus importante que de pourvoir à ce que les magistratures ne soient point lucratives.

Toute fonction de député devrait sans exception exiger des preuves de connaissances techniques, parce qu'un député est toujours appelé à résoudre des problèmes qui exigent des connaissances exactes et approfondies.

Par suite, une candidature ne devra être admissible que si le candidat prouve sa compétence, soit théorique, soit pratique, dans une spécialité qui a son emploi dans une commission ; il s'en suit que tous les députés se répartiront en commissions techniques sans laisser de non-valeurs.

Rien n'empêcherait même que l'élection ne fût faite quelquefois sur une spécialité, dont la Chambre manquât davantage.

Quant au Sénat, puisqu'il a à juger à un point de vue général un travail déjà documenté et raisonné, ses membres n'ont pas absolument besoin d'être des spécialistes, encore que cela soit bon, et qu'il faille des hommes de droit ; mais de ceux-ci on sait qu'il n'en manque jamais ; le travail du Sénat, étant un travail de contrôle et de prévoyance, n'exige pas tant de collaborateurs, est pour le plus la moitié de celui de l'autre Chambre ; c'est pourquoi cent cinquante membres y suffiraient. Avec le conseil d'Etat renforcé, le Sénat équilibrera aussi bien une Chambre plus nombreuse. L'équilibre des trois pouvoirs législatifs, ainsi organisés, se faisant indépendamment du gouvernement, laissera à celui-ci une stabilité qu'il ne peut conserver en intervenant directement dans les discussions législatives, c'est-à-dire dans les remous imprévisibles de la machine parlementaire.

V. Centralisation et décentralisation.

Des principaux pouvoirs que nous venons de voir, résulte le fonctionnement central de l'Etat ; mais en dessous de ce fonctionnement central, il y a encore dans le pays des fonctionnements secondaires non moins indispensables pour son équilibre, des fonctionnements régionaux qui échappent à la centralisation unique, quoique compris dans ses mailles.

Plus un Etat est grand et affiné à la fois, et plus il vit d'une vie intérieure, comme c'est le cas de la France, plus aussi il est difficile et délicat à diriger et à maintenir en paix à l'intérieur, parce que son équilibre est d'autant plus mobile qu'il est plus différencié, d'autant plus compliqué qu'il est avec cela plus vaste, parce que la subordination s'y fait à plusieurs degrés, parce que les moindres inconvénients s'y grossissent et s'y multiplient en proportion de ces facteurs.

Alors, pour coordonner les unités que sont les cités, que sont les départements et les provinces, pour accorder toutes les juridictions et toutes les administrations qui en ressortent, il est nécessaire de les subordonner suivant des règles fixes au gouvernement central, c'est-à-dire qu'il est nécessaire de les centraliser ; de cette centralisation des forces dépend l'unité nationale, l'unité du tout par la convergence des parties vers une même orientation politique et sociale.

A présent, le développement des transmissions rapides et des communications ne tend qu'à accentuer la centralisation ; il permet d'établir des relations quotidiennes entre le service central et ses agents régionaux, il permet à ces agents d'étendre plus vite et plus loin leur action ; c'est ainsi qu'en France, rapprochant les chefs-lieux de département des chefs-lieux d'arrondissement, cet état de choses moderne rendrait possible la suppression des sous-préfets, une suppression qui a déjà été proposée avec raison.

N'impliquant pas une privation de liberté, la subordination doit centraliser en facilitant et en orientant les activités libres chacune dans leurs ressorts, non moins qu'en les liant et en les délimitant.

Lorsque la centralisation devient trop étroite, lorsqu'elle intervient dans des questions locales plutôt que générales, elle arrive à dépasser son but et à produire des effets gênants : elle paralyse les initiatives régionales et les activités des villes en les assujettissant à des règles superflues et à des formalités vaines, elle décourage les efforts individuels en mettant des obstacles à tous les projets des citoyens, ou au moins en les retardant, elle ôte toute leur souplesse et leur variété aux organisations locales qu'elle surveille de trop près; en les réglementant, elle substitue des règles trop théoques aux règles particulières, que l'adaptation et que la pratique font naître, suivant les climats et les diverses localités, suivant leurs situations agricoles, industrielles et commerciales.

Chez nous, notamment, une centralisation à outrance qui est l'effet d'un fonctionnarisme exagéré, étant donné les communications actuelles, a déjà fait sentir le besoin de décentralisation des grandes villes vis-à-vis de l'Etat, certaines décentralisations devant leur laisser une juste autonomie, devant leur restituer de l'initiative dans leurs affaires et dans leurs institutions, devant leur abandonner enfin dans le détail les ressorts de leurs départements, pour ne leur demander compte que des résultats principaux.

Où une large décentralisation devient une exigence pratique absolue, c'est surtout pour nos colonies, et à cause des conditions profondément différentes auxquelles le climat, les mœurs et les races y soumettent les habitants, et à cause de la liberté administrative qu'il faut à un pays neuf, et par suite de leurs éloignements et de l'inapplicabilité des règlements faits à distance dans les bureaux.

Il faut que les états coloniaux arrivent chacun à se diriger intérieurement eux-mêmes, à s'organiser naturellement, et à équilibrer leurs budgets sans la métropole.

En France même, la décentralisation désirable consistera à émanciper la commune, à lui rendre une existence comme personnelle en la laissant libre chez elle pour tous les intérêts purement locaux, elle consistera également à affranchir le canton, l'arrondissement, le département et la province de toutes les ingérences inutiles de l'Etat, lequel se trouvera déchargé d'autant.

Alors l'Etat, consentant à ignorer les situations normales, demandera seulement à être informé administrativement de toutes les situations anormales accidentelles, situations irrégulières, onéreuses, contentieuses, que les unités locales seraient trop embarrassées de régler seules.

Qu'on ne croie point que ces questions-là sont des programmes facultatifs ; elles répondent à des devoirs de l'Etat envers les communes et les cités, vu que celles-ci n'ont pas moins droit à l'existence sociale que les individus, que les familles et que les associations.

Laisser une vie propre aux communes, confier leurs administrations particulières aux citoyens de la commune et de la ville, ce sont des devoirs de l'Etat sous un régime de liberté ; que l'Etat donc abandonne aux cités les fonctions administratives, et peut-être pas toujours nécessairement administratives, que les municipalités et que les citoyens même sont capables d'exercer avec plus de discernement et avec plus de compétence, comme avec moins de lenteur et avec moins de dépense. Si les affaires générales sont du ressort de l'Etat, si elles doivent être soumises au gouvernement, les affaires locales ne sont que du ressort des cités et des communes, les affaires départementales et les affaires coloniales intérieures ne sont que du ressort des départements et du ressort des colonies respectives.

C'est pourquoi il y a lieu de séparer, le plus possible, tant dans les juridictions que dans les budgets, les affaires générales des affaires locales pour ne pas entraver les efforts des groupes régionaux, ni les priver de leurs justes droits.

Aux conseils municipaux pour les villes, aux conseils généraux pour les départements, reviendront la principale gestion de toutes les affaires locales, pourvu qu'ils rendent compte aux préfets, soit aux gouverneurs pour les colonies, des résultats essentiels, pourvu qu'ils les avisent des faits importants ou graves. Sans remonter jusqu'aux ministères, beaucoup de services sont susceptibles d'être centralisés dans de grandes villes, ou de l'être par provinces, tels que des centres universitaires, des centres maritimes.

Après les autres conséquences de la décentralisation, qui sont les expansions des activités nationales, une dernière, une heureuse conséquence économique de la décentralisation serait de simplifier la bureaucratie générale, dont le développement est excessif, elle serait de réduire le nombre exagéré de fonctionnaires que la centralisation excessive emploie et qu'elle crée sans cesse.

VI. Droit social, liberté et égalité.

En reconnaissant aux citoyens la liberté de conscience, et par suite, la liberté de croyance, comme des droits sociaux, l'Etat ne fait que reconnaître dans les citoyens des âmes moralement libres, dont on ne saurait forcer ni la raison, ni la croyance ; parce que les âmes demeurent toujours moralement libres de vouloir ou de ne pas vouloir céder, jamais elles ne sont coërcibles que par faiblesse de volonté, en elles réside indestructible la liberté morale des individus.

Si le devoir peut obliger les citoyens, c'est qu'ils jouissent spirituellement de la liberté morale, c'est qu'ils sont des personnes morales. Tous les groupes sociaux, toutes les assemblées sociales, qui, ayant de l'unité, ont une volonté une, sont vis-à-vis de l'Etat des personnes morales. Qu'au contraire quelque groupe social n'ait pas d'unité, l'Etat ne saurait plus tenir compte d'une volonté aussi contradictoire que multiple, il n'a plus à tenir compte de ce groupe social en tant que personne collective.

Alors que le mal, incapable de produire l'obligation chez la personne libre, la trompe ou la force tout au plus, seul le bien l'oblige avec pleine évidence. Aussi le bien est-il le principe du droit, du moins son premier principe, un second principe moins élevé consistant dans l'équilibre nécessaire.

D'où vient donc l'autorité des lois qui composent le droit pour une société? — Conventions pour le bien commun des parties qui s'obligent, obligations issues de l'adhésion de toutes les volontés libres et éclairées, les lois, dont l'ensemble forme le droit indiscuté, puisent dans le bien général leur haute et légitime autorité, y trouvant même la justification de la contrainte qu'elles ordonnent. Elles sont les conséquences des obligations réciproques qui ont été reconnues aussi bonnes qu'utiles, aussi utiles que nécessaires, pour une vie sociale, et telles que de justes mesures pour sauvegarder les intérêts de tous et pour assurer les relations mutuelles de tous, elles doivent ainsi toujours laisser à chacun une liberté suffisante, *la liberté de bien faire*.

Des êtres libres sont-ils mis en présence, il ne faut rien de plus, remarquons-le, pour que leurs libertés d'action se trouvent effectivement limitées les unes par les autres, mais suivant des lois dont la bonté dépendra encore de leurs volontés et de leurs raisons, c'est-à-dire dépendra de l'harmonie rationnelle et morale de leurs volontés ; c'est pourquoi, dès qu'ils s'unissent socialement, les individus ne peuvent plus prétendre à des libertés effectives qui soient arbitraires, et doivent enchaîner en partie leurs volontés. Toutefois, si par là ils abdiquent un peu de leur liberté en un sens, dans le sens de la liberté naturelle, ils l'accroissent en s'ouvrant des voies nouvelles, ils ne l'abdiquent que pour une situation meilleure, que pour un plus grand progrès qui les affranchit ; en un autre sens ils regagnent de la liberté, ils étendent et ils déterminent socialement leur liberté d'action, ils la multiplient par les forces socialisées dans des directions qui n'existaient pas auparavant. Ainsi, première origine sociale, deux êtres qui s'unissent par amour abdiquent chacun réciproquement une partie de leur liberté ; seulement, ils acquièrent en somme par leur combinaison d'être des pouvoirs bien plus étendus.

D'une façon analogue, le pouvoir de l'être social, qui est la même vertu que sa liberté effective, le pouvoir du citoyen qui est identique à sa liberté effective, est le produit, ou est la combinaison productive, des pouvoirs de tous les individus isolés, et, — essayant de préciser cette notion dans une formule mathématique, — l'on peut même dire que ce pouvoir est encore quelque chose comme : le produit qualitatif des pouvoirs divisé par la somme des pouvoirs.

D'où l'on voit l'avantage évident de l'existence sociale sur l'existence isolée.

A la fois le droit social se fonde sur l'harmonie des droits et sur celle des devoirs, à la fois sur l'accord des libertés et sur celui des volontés, et ce ne sont d'ailleurs là, que des expressions qui se correspondent et qui se sous-entendent dans l'union également pondérée, dans l'association également équilibrée.

Rousseau, qu'on ne saurait se passer de citer souvent sur cette matière, définit ainsi l'union sociale : « Une
« forme d'association qui défende et qui protège de toute
« la force commune la personne et les biens de chaque
« associé, et par laquelle chacun s'unissant à tous,
« n'obéisse pourtant qu'à lui-même et reste aussi libre
« qu'auparavant. On trouvera, ajoute-t-il encore, que le
« pacte social se réduit aux termes suivants : chacun de
« nous met en commun sa personne et toute sa puis-
« sance sous la suprême direction de la volonté géné-
« rale, et nous recevons en corps chaque membre
« comme faisant partie du tout. Cet acte d'association
« produit en effet aussitôt un corps moral et collectif
« composé d'autant de membres que l'assemblée a de
« voix, lequel corps social reçoit de ce même acte son
« unité, son moi commun, sa vie et sa volonté ».

L'union, association qui ne se limite pas, association

qui embrasse toutes les existences, entraîne une participation des personnes morales aux mêmes devoirs et aux mêmes droits, et les devoirs accomplis consacrent les droits de l'union.

L'union est le bien primitif, l'acte primitivement bon, qui pose des droits en même temps que des devoirs dans la société comme dans la famille.

Puisque toute union engendre des devoirs, toutes les fonctions qui dérivent d'unions engendrent des devoirs ; déjà en naissant les hommes avaient pour ainsi dire des devoirs envers la Nature qui les unissait à un monde organisé, déjà en tant que créatures les hommes avaient pour ainsi dire à leur insu des devoirs envers le Créateur qui les unissait à l'Etre.

Encore est-il douteux que ces devoirs naturels et que ces devoirs religieux ne se trouvent pas innément impliqués dans la raison humaine.

*
* *

Il n'est pas nécessaire que des êtres soient égaux pour s'unir, pour s'associer, c'est-à-dire que la liberté sociale n'exige nullement l'égalité sociale, mais des individus inégaux ne respectent leurs libertés, les plus forts la liberté des plus faibles, que dans une société, digne de ce nom, où il y a de l'ordre moral.

C'est d'abord une loi naturelle, c'est d'abord une nécessité de la nature, que l'inégalité existe entre les hommes, les uns étant mieux doués que les autres, les uns étant plus favorisés par la naissance et par les circonstances que les autres, et au-dessus de la nature, c'est une loi spirituelle qu'il y a une **hiérarchie** parmi les esprits, que l'inégalité se trouve entre les âmes, les unes étant plus intelligentes que les autres, et les unes étant plus fortes moralement que les autres. Or, l'avantage de la Société est précisément de combler de quelques manières l'inégalité naturelle en répartissant entre tous les hommes avec le temps les bénéfices sociaux ; ce qui fait justement dire à Rousseau : qu'au lieu de détruire l'égalité naturelle, le pacte social substitue au contraire une égalité morale et légitime à ce que la nature avait pu mettre d'inégalité physique entre les hommes, et que pouvant être inégaux en force et en génie, ils deviennent tous égaux par convention et de droit.

L'égalité de tous les citoyens devant la loi, à savoir la mesure égale de la justice pour tous les citoyens, quels que soient leur rang et leur fortune, constitue actuellement l'égalité civile ; sous le rapport particulier des actes civils et commerciaux, il reste encore en droit à étendre cette égalité à la femme.

VII. Egalité politique et qualité politique.

Il y a enfin, après l'égalité naturelle et après l'égalité civile, une troisième sorte d'égalité, de sens social, qui s'appelle *l'égalité politique* : En faisant tous les citoyens électeurs et éligibles au même titre, le suffrage universel uniforme accorde à tous les citoyens une égalité politique.

Dans son acception stricte, l'égalité politique est une égalité excessivement large, dont la raison d'être, dont la moralité peut être des plus contestée. Pour qu'un tel droit soit justifié, que faudrait-il? — Ce droit est double, il comprend et celui d'élire, et celui d'être élu. Premièrement, quant au droit d'être élu sans conditions, au droit égal d'éligibilité pour tous les citoyens, si tous les citoyens ont aussi bien le droit d'être élevés à une fonction politique, en bonne raison il faudrait que tous puissent en principe aussi bien remplir cette fonction, le droit supposant que le devoir est possible, que celui qui a le droit a la capacité de faire le devoir correspondant ; il faudrait par conséquent qu'un citoyen puisse presque indifféremment en suppléer un autre dans une fonction, plus ou moins délicate, qui réclame des qualités spéciales et plutôt exceptionnelles. Est-ce donc que n'importe quel homme, qui se propose comme candidat, est propre à remplir une fonction publique éminente, alors qu'il lui a fallu des années de travail pour exercer avec fruit une fonction particulière, qu'il lui a fallu pour cela des dons spéciaux, des études suivies et de l'expérience?

Mais, objectera-t-on, si chacun a le droit de se présenter comme candidat, le choix, qui fait des élus parmi les éligibles, appartenant à ceux qui ont le droit d'élire, il y a toujours des juges, ce sont tous les électeurs qui sont juges des candidats. Alors on retombe dans une autre insuffisance pour ce qu'on admet que tous sont bons juges au même titre. Secondement, quant au droit d'élire, donner à tous les citoyens un pouvoir électif égal, c'est décider que tous fournissent autant de participation sociale, possèdent autant de science et d'intelligence, ont autant de jugement et d'expérience, sitôt qu'ils ont atteint leur majorité.

Si l'on supposait une armée dans laquelle les soldats choisissent tous leurs chefs, encore on pourrait arguer que tous ces électeurs militaires ont une instruction commune, qu'ils sont tous aptes au métier des armes, et qu'ils connaissent très bien ceux qu'ils désignent, pour leur habileté, pour leur initiative et pour leur bravoure, et cependant, contre ce mode de nomination primitif, on ferait bien des objections, on reconnaîtrait que c'est seulement un moyen préliminaire. Il n'y a d'Etat stable, enseigne Aristote, que celui qui a pour base une égalité proportionnelle au mérite, comme une volonté générale de rendre à chacun ce qui lui est dû ; toutefois, d'après le grand philosophe de Stagire, il est aussi impolitique de fonder purement et simplement la constitution d'un Etat, ou rien que sur l'égalité numérique, ou rien que sur la proportionnalité de valeur, il faut tenir compte à la fois de ces deux bases, c'est-à-dire *faire intervenir le nombre et comme surplus admettre la qualité* (1).

Ce qu'il est possible d'admettre en dépit de l'inégalité de valeur des suffrages, c'est que tous les citoyens, à peu près, sont capables de bon sens, mais à condition qu'ils soient loyalement éclairés sur une question et sur une personne.

Si donc on leur propose un petit nombre d'hommes, triés déjà, fort connus par leurs précédents, par leurs œuvres et par leurs idées, ils sauront se déterminer

---

(1) *Politique d'Aristote,* livre V, tome II.

sciemment pour quelqu'un d'eux en raison de son mérite et en raison du parti auquel il incline, de telle sorte que dans ce cas le but de l'élection pourra encore être convenablement atteint avec une majorité considérable.

Par conséquent, il importe d'éclairer les groupes électoraux, et pour cela il ne faut pas s'en remettre aux candidats intéressés, il faut des hommes qui soient en dehors de la lutte des partis, qui ne combattent que pour faire luire la vérité et qui se contentent du rôle d'arbitres de la vérité, rôle difficile quand il s'agit de se prononcer sur des personnes en même temps que sur des idées.

Diriger et perfectionner sans cesse l'opinion des masses par tous les moyens : moyens persuasifs, moyens instructifs et moyens éducatifs, est de la plus grande nécessité dans un pays où le corps des électeurs comprend tous les citoyens sans distinction. L'éducation contient une instruction de sociabilité et de bon sens ; illusoire dans le scepticisme, elle doit avoir pour fondement, soit une foi morale religieuse, soit une foi morale plus abstraite.

Le scepticisme populaire est une dangereuse maladie sociale, qui démoralise le peuple qu'on a détourné de sa religion ; grossièrement philosophique, puis devenant moral et pratique, ce scepticisme lui fait perdre bientôt, tout respect, toute croyance, tout idéal, il se termine par un scepticisme social à l'égard de toute autorité et de toute supériorité.

Mettre tous les hommes au même niveau, au niveau populaire, c'est, même dans une démocratie, une égalité mal comprise, qui ne s'obtient que par l'abaissement de ceux qui sont propres à l'élever. Il en résulte enfin que le choix s'abaisse aussi en valeur. L'abaissement de valeur du corps politique élu, voilà ce qui arrive quand on fait de l'égalité politique un principe absolu, au lieu d'en faire en droit préliminaire minimum.

Parce que le corps social est un corps composé et parce qu'il est un corps moral, il a toujours besoin de chefs, et de chefs qui aient de solides principes ; le corps des électeurs ne peut avoir d'unité que si des idées dirigeantes l'organisent selon des principes. Or, des idées dirigeantes ne sont pas précisément des idées moyennes, elles sont les plus éminentes. Autre chose est l'idée moyenne du peuple, idée fort vague en général, idée de fin, idée de besoin, plutôt qu'idée de moyen et d'action enchaînés, autre chose est ce sentiment moyen que l'*idée nationale*, laquelle embrassant l'idée moyenne, se dégage au-dessus d'elle, la réalise et la dépasse. Une telle idée politique en surplus exprimera vraiment la volonté générale, en tant qu'elle donnera la solution actuelle du bien général de la nation d'une façon explicite, raisonnée et exécutoire.

Distincte de l'idée moyenne, qui est commune à la majorité populaire — quand encore une opinion unique tend à s'y manifester — une idée nationale, de même qu'une vague qui domine toutes les ondulations et qui les concentre, est l'idée la meilleure, la plus forte et la plus appropriée, qu'une intelligence, ou que des intelligences, dégagent de l'esprit collectif du pays, extraient des idées vivantes de la nation comme d'un cerveau national, fixant l'opinion, en précisant le but et en définissant le moyen.

Sur cette idée se porte le courant politique, sur elle

se détermine avec conscience la volonté nationale, qui est seulement la volonté du pays parvenue à un discernement clair et adéquat, qui est cette volonté éclairée par une conception exacte des moyens pour la fin. En tant que moyenne volitive des masses, la volonté populaire, si elle aspire vers une fin de progrès, erre confusément sur les moyens, reste pleine de contradictions et d'utopies quand il s'agit des moyens ; c'est seulement en se concentrant autour d'une idée nationale et en la reconnaissant, qu'elle fait passer cette idée individuelle la meilleure à l'état de volonté générale, et qu'elle devient, en se l'identifiant, véritablement générale.

Ainsi, semble-t-il, en adoptant les idées de Rousseau le peuple français en fit sa volonté générale, et il réalisa la grande révolution française.

De l'inspiration de l'homme politique et du sentiment de la nation, de la communion des deux, procède à la fois l'idée nationale, de laquelle sort l'acte national et de laquelle résulte le fait historique.

En dehors de ces raisons conscientes, le fait historique a sans doute encore des raisons cachées, s'il est vrai que la Nature directrice et l'Esprit suggèrent des prémotions subconscientes et occultes aux âmes; cette causalité supersociale ramènerait un grand fait, tel que la révolution de 89, à faire encore partie de l'évolution du monde organisé et de celle du monde spirituel.

Quoi qu'il en soit de cette hypothèse, plutôt métaphysique, les volontés sociales des hommes, dans la mesure de leur conscience responsable, dans les mesures de leur raison, de leur prévoyance et de leur discernement, ces volontés sociales, en possession d'un mode de suffrage universel sont des facteurs libres de leurs lois et de leur gouvernement.

Le mode de suffrage universel qui a une importance si capitale, doit être aussi parfait que possible pour produire ses meilleurs effets ; comme pour se perfectionner tous les systèmes se compliquent, on peut estimer que le système simple de suffrage universel ne se perfectionnera qu'en compliquant et qu'en différenciant le vote ; cela implique que la notion d'égalité politique devra se modifier en devenant une notion de *proportionnalité politique qualitative*, après avoir été une notion de *proportionnalité politique quantitative*.

En général, nous le répétons, le grand vice d'*un suffrage universel uniforme* est de faire dominer complètement le nombre sur la valeur, il est de substituer la puissance quantitative ou la quantité, à la puissance qualitative ou à la qualité.

Un remède partiel en conservant le vote unique serait que les éligibles, que les candidats à la députation, soient légalement soumis à une sorte de concours de classement pour pouvoir se présenter comme candidats recevables devant le suffrage universel ; ce concours tiendrait compte des titres, des antécédents, des mérites, de la spécialité et du savoir-faire ; il n'éliminerait pas de candidats, mais il les classerait avec toutes les indications authentiques à l'appui devant l'opinion publique et devant les partis. Il consisterait, par exemple, en une triple enquête sur le candidat, qui pourrait être faite par la mairie, par la banque de France, par le tribunal, ou par la faculté, qui serait précédée de la déclaration de ce candidat, et qui serait suivie de sa comparution avant l'affichement public de son dossier.

Puisqu'aujourd'hui toutes les places sérieuses sont obtenues régulièrement par voie de concours, ce serait le moins que celle de représentant national soit obtenue par un vote éclairé grâce à un concours si sommaire, par un vote ainsi fait en connaissance du candidat ; la condition essentielle et juste d'une bonne élection, et plus que jamais, étant donné les mœurs actuelles, c'est que la lumière soit faite pour dissiper toutes les ténèbres des passions et pour prévenir tous les mensonges.

Auparavant, nous avons proposé une modification plus radicale du suffrage français actuel, que d'ailleurs cette dernière pourrait compléter, nous avons proposé une sorte de *suffrage universel plural*, non uniforme, qui ne donne plus la même valeur votale à tous les électeurs, attribuant des voix plus fortes aux citoyens qui sont pères de famille, à ceux qui contribuent davantage aux impôts, à ceux qui produisent, et à ceux qui ont acquis divers titres méritoires. L'élément qualitatif est alors introduit dans le suffrage même par *la différenciation des électeurs*. Avec le classement officiel des candidats, grâce à un concours dit de renseignement électoral, ou dit de titres, *la différenciation des candidats* améliorerait encore ce vote plural (1).

(1) Une double différenciation du régime électoral peut du reste encore se trouver réalisée autrement : par l'élection à plusieurs degrés avec l'éligibilité à plusieurs degrés, — ainsi, un élu au premier degré électif devenant un électeur au second degré, et un élu au second degré devenant un électeur au troisième degré.

VIII. Pouvoir social et pouvoir religieux.

A un moment où la religion semblait anéantie chez un peuple, à une époque de révolution antithéocratique, où le pouvoir religieux pouvait paraître bien négligeable à côté du pouvoir social en exaltation, un puissant empereur, Napoléon, ne se vit pas moins dans la nécessité de tenir compte du pouvoir religieux, et son génie ne trouva d'autre solution que de le lier à l'Etat par un traité, par un concordat. Tout pouvoir social en effet trouve une consécration dans le pouvoir religieux, celui-ci lui donnant une sanction morale et divine devant les consciences, qui trouvent dans la religion leur loi suprême.

A tous les souverains, l'expérience a toujours démontré, que la religion, loin d'être incompatible avec le pouvoir humain, en tant que pouvoir spirituel supérieur, savait le fortifier et le faire reconnaître des âmes comme une puissance accordée et consacrée par la volonté divine.

Dans le fait, pour que la religion ou pour que les religions s'accordent avec l'Etat, il faut que les représentants des deux pouvoirs demeurent strictement dans leurs sphères propres, il faut que la liberté purement religieuse, non seulement ne soit pas atteinte par l'Etat, qu'elle soit sincèrement protégée par lui, il faut réciproquement que la liberté du gouvernement ne soit pas contrariée par les prescriptions religieuses, que toute religion recommande le respect des chefs et l'obéissance aux lois.

D'après Kant, on doit obéir à la loi parce qu'elle est respectable ; c'est donc qu'elle doit reposer sur une raison qui l'est, sur un bien général qui ne peut inspirer que le respect ; car le mot de — respectable — n'a pas de vertu suffisante en lui-même sans une raison. Certes, la loi n'est respectable qu'autant qu'elle vise un bien, qu'autant qu'elle est une loi du bien, une loi de l'union, une mesure bonne pour l'union, à laquelle une intelligence se soumet pour vivre en société.

Or, la loi spirituelle du bien ne saurait être en contradiction avec la loi sociale du bien ; comment la raison qui s'applique aux âmes contredirait-elle la raison qui s'applique aux fonctions matérielles de ces âmes et aux corps ? A la vérité, la loi de l'union n'est jamais parfaitement appliquée ; s'il y a des contradictions, ce sont des hommes qui exercent les fonctions sociales, ou bien des hommes qui remplissent les ministères religieux, que proviennent ces contradictions, soit qu'ils veuillent les uns ou les autres dépasser leurs pouvoirs, soit simplement qu'ils se laissent entraîner par des sentiments et par des passions qui n'ont rien de commun avec la raison. Les devoirs des âmes n'arrivent à s'opposer aux devoirs des citoyens que par de fausses interprétations des uns ou des autres ; l'athéisme et le fanatisme, voilà les deux excès opposés qui engendrent les conflits.

La séparation des pouvoirs doit exister en dedans de l'Etat lui-même ; à plus forte raison doit-elle exister entre le pouvoir social et le pouvoir religieux ; mais cela ne veut nullement dire que la séparation aboutisse à l'abolition de tout pacte, qu'une séparation *en terme politique actuel*, dite la séparation absolue de l'Eglise et de l'Etat, soit une chose nécessaire.

Une cessation complète de relations entre les deux pouvoirs coexistants, une suppression de toute espèce de concordat est d'ailleurs une conception impossible, une utopie, si on n'entend pas parler que d'une modification amiable de ce concordat actuel. Ce qu'il y a de plus propre à produire un dualisme dangereux, c'est l'absence de contrat ; car, où il n'y a plus de lois et de règles, les conflits naissent et s'aggravent jusqu'à ce que le désordre et la guerre s'ensuivent.

Au reste, tant que le culte s'exercera visiblement et matériellement, tant que les fidèles auront besoin de s'assembler dans des temples, il faudra bien qu'il subsiste un contrat plus ou moins tacite, il faudra toujours que des relations se produisent entre les ministres des cultes et les fonctionnaires publics, entre les associations religieuses et les administrations de l'Etat, de toute façon, il y aura toujours des fonctions religieuses qui devront, comme d'autres fonctions essentielles, réclamer leurs droits et leurs moyens d'existence dans la société, et qu'une volonté générale ne pourra méconnaître.

On a vu naître une cause de conflit dans un impôt qui frappait les ordres religieux. A ce sujet, comme c'est un principe qu'en matière d'impôts il ne doit point être établi de privilèges, que l'exemption est admise seulement en vertu d'une loi, qui ait pour but d'exonérer des citoyens pauvres, ou encore pour but de décharger ceux qui contribuent déjà d'une autre manière équivalente, l'Etat a tout droit de demander aux associations religieuses leur part contributive ; mais le principe une fois sauvegardé, il paraît être équitable de faire une remise partielle de l'impôt aux institutions, dont la tâche consiste dans la charité, dans l'entretien des pauvres, des orphelins, des malades, des vieillards indigents, etc.

Sans pouvoir jamais atteindre la totalité de l'impôt, cette remise pourrait avec légitimité être accordée en proportion de la charge sociale gratuite, soit en proportion du nombre d'existences entretenues gratuitement par la congrégation.

*
* *

De la société civile, le surnaturel ne se laisse exclure qu'à la condition de se retrouver dans la société religieuse. Etant surtout un être spirituel, tirant sa haute qualité de sa nature immatérielle, l'homme, si civilisé soit-il, ne peut que se dégrader moralement en bannissant l'idée du surnaturel, l'idée d'une vie plus vraie et plus noble qui dépasse la vie sensible si précaire, et qui lui donne sa meilleure raison.

La nature sensible ne devient intelligible que par une nature supérieure, à laquelle notre raison doit ses plus pures intuitions, notre cœur même ses plus excellentes intentions ; en devenant intelligible, cette nature touche au surnaturel, dans lequel elle doit prendre sa source comme dans un sommet inaccessible.

Or, entre les deux natures, la religion est pour tous l'intermédiaire pratique ; de même que le pouvoir civil est l'intermédiaire entre le citoyen et la société, la religion est l'intermédiaire entre l'homme et Dieu ; c'est elle qui, en symbolisant le spirituel sous des formes mystiques, sait rendre connaissable aux foules simples l'intelligible par le sensible ; ainsi elle arrive à mettre les plus sublimes pensées à la portée de la totalité des hommes ; ce que la philosophie ne peut sans renoncer à ses raisonnements subtils et à son caractère scientifique.

Au fond dans ses conclusions, malgré un langage différent, la vraie philosophie (*perennis quædam*) ne se sépare guère de la religion ; la philosophie irréligieuse reste une tour de Babel, une science sans tête, qui ne fait que troubler les âmes au lieu de les ordonner et de les fortifier ; elle supprime le monde intelligible, autant dire la tête, la coupole lumineuse, en le réduisant seulement à une idéalisation du monde sensible qui ne répond à rien que de fictif et de subjectif.

A la vérité, pour l'homme, le monde intelligible, qui est le monde directement spirituel, se trouve bien isolé du monde sensible, du monde indirectement spirituel en lequel il vit ; car l'homme est ainsi fait, qu'il ne comprend le monde vrai que physiquement, au moyen des notions sensationnelles reçues d'infiniments petits, que par l'enveloppe obscure qui constitue l'âme sensitive et le milieu cérébral ; autrement dit, le monde sensible est une réflexion projetée du monde intelligible à travers les infiniments petits de notre corps et par les éléments de l'âme sensitive. De la sorte, nous sommes réduits à ne voir le supérieur que par l'intermédiaire de l'inférieur, essayant péniblement de le reconstituer par la raison avec les vues infinitésimales qui nous parviennent.

Pour rentrer plus spécialement dans notre sujet, dont cette digression métaphysique nous écarte déjà beaucoup, reconnaissons franchement que la science matérielle, qui ne reconstitue, tout au plus, que le sensible, ne suffit pas aux âmes, que celles-ci nées de l'esprit et éprises d'immatériel, ont un besoin immanent qu'on ne peut empêcher : un besoin social ou ultra-social de spirituel. En aspirant à la liberté, les âmes aspirent dans le fond à un monde spirituel, qui en réalise l'idéal véritable.

A la religion le corps social doit encore des liens désintéressés ; sans passer par les liens naturels, la religion établit des liens moins charnels et plus purs que ceux seulement humains et humainement sociaux ; à côté des liens pratiques entre les individus, c'est elle qui en met de plus directs entre les âmes intellectives et morales. En perfectionnant la société des âmes, en la rattachant extranaturellement à la société universelle des âmes, Ame du monde, et à l'Esprit universel de Dieu, la religion spiritualise, resserre et unifie la société des individus, enfin elle prépare le plus sûrement l'idée de l'humanité une par la civilisation chrétienne de toute la terre. « Les lois de la société spirituelle, observe Lamennais, tendent naturellement, nécessairement, à la conservation de l'unité » (1).

Inébranlable dans ses principes comme dans sa foi, la religion reste fixe par en haut ; mais rien ne lui interdit, les principes intacts, de s'adapter par en bas. On a vu un pape illustre rechercher de nos jours cette adaptation de l'Eglise, encourager entre autres choses un socialisme

---

(1) Distinction des deux sociétés, spirituelle et temporelle. (Esquisse d'une philosophie, publiée par Ch. Maréchal.)

Définition donnée par le même auteur : Société spirituelle, appelée aussi « religion » parce qu'elle relie les êtres aux êtres en les reliant à Dieu.

chrétien qui, n'ayant pas les vices d'un socialisme athée et matérialiste, qui mettant en commun des âmes au lieu de mettre en commun des choses, est peut-être capable d'en accomplir les seules espérances légitimes.

A défaut de pouvoir religieux, le pouvoir social, ou bien assumera ce pouvoir — c'est un cas du passé, non de l'avenir — ou bien il sera athée, à quelque nuance près pour la forme; mais le pouvoir social ne saurait être athée sans profonde contradiction avec l'idée même de pouvoir; si la société universelle n'a pas en Dieu de Chef suprême, si elle n'en a pas besoin, non plus une petite société, une société humaine n'a besoin de chef; en refusant selon cette logique de reconnaître la nécessité d'un chef, elle encouragera l'anarchie en principe, elle proclamera qu'il n'y a point de maître en proclamant que l'homme est le seul maître, et que par suite, tous les citoyens sont également maîtres.

Dans une société moderne, le Chef de l'Etat a en général cessé d'être un chef religieux, par exception s'il l'est, il ne l'est plus qu'en titre; il ne passe plus même dans un Etat tel que la France pour un représentant spécial de l'autorité divine; pourtant il y est toujours au-dessus de tous les citoyens le premier représentant du bien général, le premier gérant du bien social, et s'il ne se réclame plus si directement de Dieu que les monarques, il ne saurait négliger de se réclamer du Bien qui est en soi l'idée divine, qui est une abstraction de la divinité.

Concluons que dans toute société organisée qui comprend des corps et des âmes, un double pouvoir doit conserver et soutenir la loi, double aussi, de la raison, qu'un pouvoir social doit appliquer la loi d'une raison humanitaire et actuelle, qu'un pouvoir religieux doit prêcher la loi d'une raison spirituelle et éternelle.

Concluons en outre que la meilleure religion est celle qui, faisant naître l'amour social, met le plus d'union entre les hommes, entre les classes, entre les peuples, et à la fois qui, étant le plus contraire à l'anarchie des idées, se trouve la plus contraire à la désorganisation des forces sociales, se montre la plus favorable à l'ordre de l'Etat et à l'ordre de toute la Société.

CHAPITRE V

MORALE ÉCONOMIQUE : DU TRAVAIL PRODUCTEUR

I. Le travail, forme productrice de l'activité sociale.

C'est à force de travail que les sociétés se créent, qu'elles vivent, qu'elles persévèrent et qu'elles se développent; ce que le mouvement vaut dans l'ordre physique, le travail le vaut dans l'ordre social; si le mouvement est le facteur universel de transformation qui vitalise les éléments de la matière et de la nature, le travail est le grand facteur de transformation qui vitalise les éléments sociaux et la société; mouvement et travail sont des concepts étroitement liés, cela dans un sens plus mécanique, ils sont des concepts qui contiennent également les idées de relations mutuelles ou d'échanges, les idées d'équilibre et d'appropriation, les idées de conservation et de combinaison des unités actives.

Etudier le travail producteur, c'est étudier toutes les formes utiles de l'activité humaine que l'ordre social a pour tâche de favoriser comme de permettre. Produire socialement, équivaut à faire un travail utile, qui peut être aussi bien un travail intellectuel qu'un travail matériel, un travail désintéressé qu'un travail rémunéré; dans le travail seulement se trouve l'origine de toute production féconde, qu'elle s'exerce sur la matière brute, qu'elle s'exerce sur la matière fabriquée, qu'elle s'exerce sur la matière des idées.

Du travail naît un engendrement sans fin : une production qui résulte d'un travail sert à son tour de matière pour un travail plus élevé ou pour un travail plus perfectionné, de sorte que le travail se qualifie de plus en plus : de l'engendrement *du travail en qualité* éclôt le progrès, que propage par des greffes multipliées l'engendrement *du travail en quantité*.

Ainsi il importe de distinguer dans le travail humain la valeur qualitative non moins que la valeur quantitative ; ce sont en quelque sorte les deux dimensions du travail, la qualité lui donnant sa dimension en hauteur, et la quantité constituant sa dimension en surface. Or, la qualité du travail procède de l'intelligence ; de l'effort intelligent procèdent l'utilisation de la matière première, celle des produits, celle du capital, celle des forces, celle des idées enfin.

On pourrait même aller jusqu'à dire que le travail social est susceptible d'une troisième dimension, la mesure de sa valeur morale ; car si la quantité de travail ne profite à la société qu'en raison de sa qualité, le travail qualifié ne profite aux âmes qu'en raison de son utilité morale. C'est pourquoi, il y a des œuvres intelligentes, qui sont immorales, comme il y en a qui sont morales ; toute œuvre qui, profitable à un intérêt particulier, nuit à l'intérêt universel, se montre une œuvre immorale.

Voici un exemple de ces trois valeurs, lesquelles ne proviennent pas du même ordre : dans une puissante flotte, ce n'est point tant la quantité des vaisseaux que leur qualité qu'on saura apprécier ; car beaucoup de chaloupes ne valent pas un cuirassé ; mais l'emploi de la flotte la plus perfectionnée, si elle ne l'est que pour la destruction, si elle ne sert que les intérêts égoïstes d'une nation ambitieuse, se présente à ce point de vue opposée à la paix du monde, et se trouve contraire au bien de l'humanité, ce qui permet de dire : que cette belle production n'a pas la qualité morale.

Du travail matériel.

Tout travail supposant une matière, des objets, des unités de force, des nombres substantiels ou idéaux en général, tout travail matériel en pratique supposant des éléments déjà produits et fournis par la nature, qui valent par leurs énergies internes ou externes, le travail peut se définir : *une transformation utile des forces*, et matériellement, *une transformation de l'énergie quantitative en énergie qualitative*, la qualité étant ici relative à l'utilisation sociale, et non pas, comme ce serait le cas en physique, relative à la complexité de l'intégration mécanique du mouvement ou des vitesses.

La transformation de la pesanteur de la matière fluide, en électricité de la même matière fluide, est une intégration mécanique de mouvement, celle qu'on obtient en utilisant une chute d'eau comme force motrice pour produire un courant électrique dans une machine dynamo-électrique ; c'est une transformation au point de vue de la physique.

Au point de vue social, l'énergie a été qualifiée en même temps par cette opération industrielle, parce que sous la forme de courant électrique elle devient transportable, tandis que sous la forme de courant liquide elle ne l'était pas, elle n'était pas aussi *utilisable*.

Il y a lieu de remarquer que l'utilisation réside également dans la transformation inverse du courant électrique en mouvement de rotation plus simple à la station réceptrice, et qu'alors la qualité donnée est purement relative à l'emploi.

Dans toute l'industrie nous trouverons, que le travail consiste invariablement à transformer utilement des forces, ou des formes physiques des corps, qui ne sont que des systèmes de forces, soit intérieures, soit extérieures.

Si nous considérons la combustion du charbon, par laquelle la vapeur est mise sous pression, nous voyons que les énergies spécifiques du charbon et de l'air, que les affinités chimiques de ces deux corps, sont transformées par le chauffeur en chaleur disponible, *en puissance utile* qui meut l'usine.

Toutes les matérialisations de formes sont des combinaisons de forces qui donnent à ces forces la qualité pour la consommation; elles s'appellent : fusion, liquéfaction, vaporisation, distillation, raffinage, mélange, moulage, taillage, soufflage, broyage, tournage, perçage, sciage, laminage, martelage, sculpture, etc.

La valeur des produits fabriqués est donc relative à leurs fins sociales, en vue desquelles un travail s'organise intelligemment.

Du travail intellectuel.

Il a fallu qu'un travail intellectuel conçoive, essaie et prépare les procédés, il a fallu en un mot bien des transformations d'idées pour arriver à l'application, pour réaliser les transformations économiques, et par ce moyen, créer des matières productives de la richesse.

Le travail intellectuel, qui représente le travail producteur en soi, est une transformation qualitative d'idées, qualificative par rapport à l'action qui en sortira ; à la rigueur, on peut encore dire que c'est une transformation de forces idéales, de formes idéales, qui sont des forces conscientes. Ces formes idéales constituent les germes de l'action, les avant-projets de l'action, elles déterminent en tant qu'idées économiques et pratiques les modes d'échange, les combinaisons productrices : en industrie elles déterminent les utilisations des matières et des moyens, l'application des forces naturelles, en agriculture et en élevage, elles déterminent l'emploi des forces organiques, en commerce, l'emploi des capitaux, en arts et en sciences, l'emploi des forces pensantes.

II. But du travail et relations socio-économiques du travail.

Cette première esquisse définit plutôt la nature du travail que le but final et social du travail. Ce but est de toute façon d'assurer et de remplir l'existence, il est pour chaque individu et pour chaque société de se créer des moyens de bien-être, des ressources, des épargnes, des richesses de toute nature.

L'homme se trouve d'abord dans la nécessité de pourvoir à ses besoins par le travail, dont le rendement utile, le gain, le bénéfice, le fait vivre; plus il a de besoins, plus il est dans la nécessité de travailler pour y subvenir. Mieux et davantage il travaillera, plus grand sera le bien-être que lui permettra un gain plus élevé ; il cherchera donc l'activité ou le travail qui lui donne le meilleur gain ; et il le cherchera suivant ses aptitudes, suivant ses goûts, parmi les différents genres de travaux qu'offrira son milieu social, sa situation sociale. Ainsi il sera conduit à exercer une fonction sociale plus particulière. La spécialisation des fonctions, qui est imposée par ces conditions, a pour corollaires, premièrement l'échange, secondement la division du travail, et troisièmement des relations de travail plus complexes.

A l'origine des sociétés, c'est l'échange des produits nécessaires à la famille qui engendre les relations sociales du travail : échanges de propriété, échanges de travaux, échanges de droits, concours, avances, prêts, locations ; cet échange ne se borne pas seulement aux objets primitivement indispensables ; car l'homme attache plus de prix à ce qu'il n'a pas qu'à ce qu'il possède en abondance. Pour chacun les choses valent ce qu'elles lui coûtent.

Les produits, que l'homme a accumulés par son travail au delà de ses propres besoins, constituent des réserves disponibles, des capitaux en nature ; mais de véritables capitaux ont une valeur marchande, ce sont des marchandises, ou ce sont des propriétés échangeables, ou ce sont des choses vendables.

Dans le principe, certaines matières se trouvaient être d'un échange plus courant, plus facile, plus général ; c'est en devenant des moyens intermédiaires d'échange au lieu du but final de l'échange, qu'elles devinrent en sus des monnaies. Pierre a besoin de blé, sa richesse consiste en fourrures ; l'agriculteur, riche en blé, ne saurait que faire de ses fourrures, mais il a besoin d'instruments qui s'achètent avec de l'or ou avec quelqu'autre métal. Le chasseur troquera ses fourrures contre de l'or afin d'acheter du blé à l'agriculteur.

L'or, le métal monétaire, n'est pas une marchandise quelconque parmi d'autres ; c'est une marchandise qui a dû être adoptée nécessairement comme monnaie pour des raisons non arbitraires.

Les matières alimentaires se consomment ou s'altèrent, les vêtements et les objets mobiliers s'usent, les constructions se dégradent, tombent en ruines avec le temps ; d'autres biens perdent leur emploi avec le changement de mode.

Il n'y a guère que deux catégories de choses matérielles qui ne s'usent pas et ne se corrompent pas ; il y a la propriété de la terre, le sol, et il y a le métal inaltérable, l'or ; tandis que la terre est une propriété intransportable, l'or est une chose éminemment transportable, et à cause de son prix, transportable sous très peu de volume pour de fortes valeurs. Divers métaux, employés concurremment avec l'or, sont plus communs, partant moins précieux, et d'ailleurs plus altérables ; la chimie moderne, il est vrai, a découvert des métaux tels que le platine qui pourraient remplacer l'or, si au contraire ils ne se présentaient pas trop rares pour un emploi universel ; encore se montrent-ils plus difficiles à manipuler, ou sont-ils plus aisés à falsifier.

Il en résulte que les capitaux considérables subsisteront principalement sous forme de terres productives et sous forme de réserves d'or. La terre qui n'est pas cultivée et l'or qui ne circule pas ne sont que des valeurs statiques, et demeurent inutilisées au repos. Pour produire, l'or et la terre de même doivent sortir du repos, l'or et la terre de même doivent travailler entre les mains de l'homme, qui devient tour à tour agriculteur, artisan, commerçant, industriel.

Le but du travail est de reproduire continuellement les matières vitales qui se consomment et qui s'usent pour entretenir la vie sociale ; après tout, la valeur absolue de la terre dépend de ce qu'elle produit par les efforts des hommes que la nature seconde, et la valeur absolue de l'or dépend du travail qu'il représente, de la quantité de travail qu'il peut permettre. Si la terre ne peut rien produire, elle ne vaut rien ; si l'or n'était pas un instrument de travail, il ne pourrait ni se louer, ni rapporter intérêt, il n'aurait plus de valeur monétaire.

Plus l'or est abondant, moins sa location coûte cher, plus le crédit est facile, mieux le travail est rémunéré et moins le capital prêté l'est d'abord ; mais la quantité de travail croissant à son tour, permet l'épargne, l'accumulation de la richesse, c'est-à-dire l'accroissement du capital social.

D'ailleurs, le métal or et les autres métaux monnayés ne sont qu'une forme de numéraire ; les billets de banque, qui symbolisent des valeurs réelles, ont pour effet d'augmenter le numéraire en circulation selon les besoins du travail et de l'échange indirect. Les billets de toute nature, qui sont assimilables à des billets de banque temporaires, et ceux-ci eux-mêmes, signes de la monnaie ou des capitaux, ne possèdent de réalité qu'en tant qu'ils restent toujours échangeables contre la monnaie, contre les capitaux, contre les propriétés, dont ils constituent les gages ; monnaie et billets payent au fond le travail produit par du travail produit. Au fond, tout le capital social n'est que du travail accumulé, les instruments de travail, les propriétés qui en sont, représentant, comme les marchandises, des produits du travail.

Par un travail fécond, qui dépasse ses besoins et sa consommation, l'humanité s'enrichit constamment ; il arrive en effet que son travail excède de plus en plus ses anciens besoins ; cela paraît peu parce qu'elle s'en crée toujours de nouveaux ; mais ce sont des besoins de luxe qu'elle fait passer à l'état d'habitudes. Ainsi des prolétaires de l'humanité civilisée dépensent rien qu'en tabac ce qui serait suffisant pour faire vivre des hommes primitifs.

Sous forme d'impôts, les Etats ne font que prélever une partie de leur excédent de richesse, lequel excédent ils dépensent pour le bien général. Cette dépense est de deux sortes : premièrement une dépense d'entretien et de conservation, et deuxièmement une dépense d'amélioration et de création, qui n'est autre qu'une espèce de placement de la richesse sociale. Les établissements scientifiques, les bibliothèques, les musées, les monuments artistiques, les embellissements utiles et luxueux des villes figurent des richesses qu'accumule lentement le travail national.

Les travaux scientifiques et esthétiques sont un excellent emploi d'une richesse qui ne demeure pas stérile, ils donnent aux hommes le moyen de remplir pour leur agrément et pour leur progrès un temps qui n'est plus réclamé par les nécessités de la vie. La quantité du travail s'améliore en même temps que sa qualité, grâce aux découvertes du travail intellectuel désintéressé, qui préparent toutes les inventions pratiques et toutes les applications.

Grâce aussi au labeur des ancêtres ignorés, l'homme, en partie affranchi des conditions animales, peut maintenant disposer d'un esprit libre. Grâce à ce dur labeur primitif, l'homme peut aujourd'hui développer son activité dans le domaine des idées créatrices. C'est pourquoi, conséquence bien remarquable, aucun travail social ne s'est perdu, ni ne se perd, aucun travail social ne reste improductif ; il semble même que le travail le moins nécessaire et le moins intéressé au point de vue de l'individu, précisément, à cause de sa liberté et de sa moralité, est des plus utiles pour la société.

*
* *

Quoi qu'il en soit de cet optimisme, le travail social comporte encore, dans sa fécondité heureuse, ses imperfections et ses misères, le travail des classes ouvrières soulève encore de graves questions sociales : questions des salaires, question de la répartition du produit du travail, question de la propriété du travail réalisé ou du capital, question de la durée du travail industriel, question du chômage et question des grèves.

En principe, les lois civiles et politiques doivent être telles que les biens restent d'abord entre les mains de ceux qui les ont produits véritablement, nul n'ayant le droit moral de s'approprier, sans une compensation suffisante, le bien qui a été produit par le travail d'autrui.

En pratique, aucune loi ne saurait empêcher ensuite les hommes, d'employer, de dissiper, de donner et d'accumuler les fruits de leurs travaux, ne saurait par conséquent empêcher les différences de richesse qui résultent de l'usage des biens acquis par le travail. Si le travail de chacun est le moyen le plus légitime d'acquérir, ce ne peut pourtant être le seul. Il est juste que le fils soit le premier à profiter du travail du père ; le père a travaillé surtout pour ses enfants, il aurait pu en outre dépenser au fur et à mesure le fruit de son travail ; c'était son droit, et il ne le perd pas en le reportant sur sa famille ; le fils héritera donc avec droit de la majorité des biens du père.

Parmi les diverses sortes de travaux, le travail personnel est celui qui a le plus de valeur ; l'ouvrier qui a donné du prix à la matière a droit à la plus-value, qu'il obtient par son travail, et qui, avec le prix de la matière fait le prix de revient brut. A ce prix de revient brut, l'industriel ajoute ses frais généraux ; puis, en faisant un prix total de vente, il demande pour lui-même un surplus à l'acheteur, comme bénéfice, tant de ses risques que de son travail de direction. Suivant l'intelligence de ses opérations, et aussi, suivant les circonstances économiques, l'industriel peut gagner plus ou moins, il peut gagner ou perdre. Si le directeur, si le patron, ne travaille plus avec ses bras comme l'ouvrier, il travaille davantage avec son cerveau ; il multiplie par l'intelligence non moins que par l'effort la valeur du travail de l'usine, la production collective.

Plus discutable que la valeur du travail de transformation et que celle du travail de direction est, reconnaissons-le, la rémunération du capital ; c'est en réalité une location qui, dans certaines limites d'intérêt, limites variables avec le milieu, demeure légitime.

Que cette rémunération soit réduite à un intérêt peu élevé, à un intérêt d'autant plus faible équitablement pour de très grosses avances, qu'elles sont faites avec de plus faibles risques et sous de plus fortes garanties, voilà ce qu'on doit souhaiter pour le bien économique. Or, c'est précisément ce qui arrive, pour ainsi dire par la force des choses, par le développement des marchés, par l'équilibre raisonné de l'offre et de la demande, par la concurrence.

Qui possède beaucoup, qui a des revenus plus que suffisants préfère avec raison se contenter d'intérêts sûrs et peu élévés, plutôt que de recueillir des intérêts doubles, mais en faisant courir des risques de perte, ou seulement de diminution, à son capital.

Pour des raisons différentes, l'ouvrier et le capitaliste ont besoin de compter sur une rémunération régulière ou stable, à moins qu'ils ne participent à des bénéfices supplémentaires. Jamais l'ouvrier ne saurait participer directement aux pertes. La participation de l'ouvrier aux bénéfices de sa maison est une question intéressante ; toutefois elle ne nous semble comporter de solutions générales que pour les grandes Sociétés assises, telles que les Sociétés par action et les Compagnies ; elle ne peut se résoudre en général pour la plupart des petites industries, parce que leur prospérité est très variable, parce que ce sont des propriétés qui changent souvent de maîtres et qui doivent subir des amortissements très fréquents. Dans une petite industrie, le patron peut créer une caisse de secours, il le fera par exemple en accordant à ses ouvriers des gratifications semestrielles à peu près en rapport avec ses bénéfices, cette caisse étant mise à la disposition d'un conseil d'ouvriers, et ce conseil pouvant l'augmenter de lui-même par des collectes.

Les Sociétés par action, et leurs combinaisons, qui s'appellent des syndicats, des trusts, sont des moyens puissants avec des risques très divisés. Elles ont des avantages pour l'industrie, elles en ont pour les petits capitalistes et même pour les ouvriers. Exigeant de gros capitaux, le machinisme ne s'est développé que par le concours d'actionnaires. Or, substituant les forces naturelles à celles de l'homme, le machinisme, toute production égale, affranchit l'ouvrier de longues heures de travail ; il fait de l'ouvrier, non plus le moteur, mais le directeur de la machine accélérée, qui lui obéit comme un cheval docile.

III. Amélioration de la vie de l'ouvrier.

Si le temps s'approche où l'ouvrier pourra disposer d'un bon tiers de sa journée de veille, alors qu'autrefois il ne disposait que d'un cinquième environ de cette journée, c'est à l'excédent de production des machines rapides et perfectionnées, qu'il devra en partie cet affranchissement, comme c'est aussi en partie à l'élévation du salaire qu'il le devra.

Un travail moyen de huit heures, lequel est applicable dans les fabrications courantes, laissera à l'ouvrier, sur quinze heures de veille, deux heures pour ses repas et ses déplacements, donc encore cinq heures à dépenser à son gré, et en dehors de toute occupation, les neuf heures de sommeil et de repos qui sont nécessaires au travailleur.

Comment remplira-t-il bien ces cinq heures absolu disponibles ?

Deux heures accordées au jeu s'il est jeune, à sa famille ou à ses enfants dans la suite, lui laisseront encore trois heures à employer ; à la campagne on s'imagine qu'il aura la ressource du jardinage; à la ville on s'imagine qu'il passera sans doute une heure à s'entretenir des choses courantes et à parcourir son journal. Qu'il emploie le surplus, les deux heures qui restent, pour l'utile et l'agréable à la fois, qu'il lise des ouvrages de fond, qu'il assiste à des conférences ins tructives qui l'élèvent au-dessus de ses besoins immé diats, conférences, soit professionnelles, soit scientifi ques, soit littéraires, soit morales, soit religieuses, nourritures de l'intelligence et du cœur.

De plus, pourquoi l'ouvrier n'aurait-il pas son cercle, un cercle bien éclairé, qui serait muni d'une bibliothè que, et dont la caisse indispensable servirait de petite caisse d'épargne à son usage ; très bon et très utile sera le cercle ouvrier, à condition qu'il ne comprenne pas trop de membres, qu'on n'y fasse pas que de la politi que, qu'on n'y consomme que peu ; il détournera l'ou vrier des débits où il dissipe ses économies, où il gâte sa santé, et il solidarisera tous les bons ouvriers (1).

(1) En Angleterre existent déjà des cercles populaires, qui sont munis de bibliothèques, de salles de jeu et de conférence, de restau-

Encore, l'amélioration de la vie de la classe ouvrière ne peut pas venir que de l'initiative spontanée de cette classe ; elle suit les idées de ceux qui pensent pour elle et innovent pour elle, elle a besoin de conducteurs ; encore faut-il que ce soit la société, la direction sociale, la pensée sociale, qui ait de la prévoyance pour cette classe ouvrière, vu qu'elle existera toujours comme la classe peu prévoyante, tant qu'elle ne sera pas munie d'institutions qui servent de remèdes. Un fait commun, c'est que tout ouvrier, qui par l'intelligence et par l'épargne s'élève au-dessus de ses compagnons, ne tarde pas à sortir de sa classe, en général sans la faire profiter de son expérience personnelle.

Que l'épargne fasse de l'ouvrier un bourgeois à la fin de sa carrière, cela n'arrive qu'à titre d'exception, comme il arrive en paix que le simple soldat, né paysan, devienne capitaine ; le plus souvent l'ouvrier n'a guère cure de l'épargne et n'a nulle prévoyance ; lorsqu'il est muni d'argent, il dépense avec prodigalité, il n'a pas de juste mesure, il ne se limite pas, il se laisse aller aux excès. Si jamais il est parvenu à mettre un tonneau de vin dans sa cave, il le boira vite avec ses camarades, ensuite il devra s'en priver pour longtemps ; s'il a la bourse pleine, trop facilement il oubliera d'aller travailler jusqu'à ce qu'elle soit vide ; le besoin lui fera reprendre le chemin de l'atelier. Qu'il se trouve gêné, il ne paiera pas son terme à son propriétaire, ni ses dettes à ceux qui lui auront fait crédit ; l'ouvrier médiocre, dont c'est là le type courant, ne se donne point la peine d'é-

---

rants, de bains ; en France, des cercles catholiques ont été fondés pour les ouvriers.

conomiser pour le lendemain, et le chômage le surprend toujours.

Tels que de grands enfants qui ne sauraient se conduire eux-mêmes, les ouvriers dans l'ensemble ont besoin d'être bien dirigés et bien conseillés, non d'être exploités et trompés, comme cela se voit, par des faiseurs politiques, qui les séduisent par de vaines promesses.

Sociétés industrielles, sociétés d'assurance et municipalités doivent chercher d'un commun accord à mettre de l'organisation dans les populations ouvrières. Il importe de les grouper, soit de réunir les familles dispersées. Hors des grandes villes, les familles s'agglomèrent naturellement comme une tribu près de l'usine, autour de chaque espèce d'industrie, elles se groupent par corporation ; les administrations peuvent leur construire sur leurs territoires des cités, de petites habitations économiques, munies de jardin. Au contraire, dans les grandes villes où les diverses corporations d'ouvriers sont mêlées et perdues, où elles ont bien parfois leurs syndicats, mais dans lesquelles en dehors du travail les individus risquent de demeurer isolés, il est nécessaire de remédier à ces isolements, il est utile que des agglomérations familiales soient préparées.

Pour cela, il faudrait fonder des sortes de maisons ouvrières de famille, des hôtels de travailleurs, qui comprenant une collection de personnes de tout âge, qui pouvant réunir amicalement une dizaine de ménages environ, seraient gérées par la communauté, chacun fournissant un prélèvement, soit en argent, soit en travail domestique, pour subvenir au loyer et à la table.

Une sensible économie en résulterait pour tous, jeunes et vieux, hommes et femmes, en même temps qu'une vie en commun plus sociable, plus morale et plus régulière.

Ce principe d'union ferait la force de groupes amicaux de familles ouvrières en établissant entre elles une assistance mutuelle ; on comprend donc qu'il y ait quelque chose à chercher dans ce sens avec des applications diverses.

Les classes populaires peuvent avoir sans doute une somme de bonheur équivalente à celle des classes plus élevées, bien que cette somme humaine ne soit jamais de nature à satisfaire tout à fait les aspirations des âmes et des cœurs.

Les conditions du bonheur pratique des classes populaires résident dans la facilité et dans la régularité du travail, dans la possibilité de l'épargne et de la petite propriété, dans la bonne union du mariage et dans la bonne conduite des parents comme des enfants, et parce qu'elles résident dans le travail, dans l'ordre et dans la santé, elles requièrent la mutualité, condition heureuse d'ailleurs pour l'assistance de la vieillesse.

Pour assurer sans choc l'équilibre des fonctions sociales, il faut que toutes les classes de la société sachent communier fraternellement et directement entre elles, la bonté des âmes ne dépendant pas des classes, la séparation des cœurs n'étant qu'artificielle, et enfin, les convenances n'ayant nulle valeur contre la morale ; pour cent raisons, les classes les plus affranchies et les plus affinées doivent se préoccuper de la vie des plus humbles et des plus laborieuses. Le bonheur général de la société n'est que dans le progrès de tous ; le progrès le plus profond est lui-même dans les relations aussi amicales qu'équitables de toutes les classes.

Socialement, les individus ne sauraient parvenir à une vie plus élevée que les uns par les autres ; c'est par les hommes d'une classe que réussissent les hommes d'une autre classe, comme c'est par les hommes d'une race que se civilisent ceux d'une autre race ; aux ouvriers de hier, aux peineux efforts des travailleurs qui les ont devancés, les hommes fortunés de la présente génération doivent tout leur bien-être ; par le travail des ouvriers d'aujourd'hui seulement ils conservent ce bien-être.

Bien que l'humanité dans le développement renouvelé de ses différentes classes sociales paraisse repasser encore par toutes ses étapes primitives, en réalité, progressive, elle ne fait que traverser des formes analogues qui sont toujours plus différenciées, elle ne saurait plus retourner en arrière par ce travail honorable de ses ouvriers, auquel elle doit son élévation, et auquel elle continuera de la devoir plus haute dans l'avenir.

IV. Participation sociale des impôts

Il n'y a pas de société, de même qu'il n'y a pas d'association, sans participation économique de tous leurs membres ; or les impôts sont l'équivalent des dépenses sociales auxquelles chaque membre de la collectivité doit participer, chacun profitant dans une mesure à définir de ces dépenses, c'est-à-dire des avantages de toute sortes qui résultent des services publics, de la police, de la défense, de la protection juridique, de la surveillance et de l'initiative de l'Etat, des institutions utiles, des agréments si divers de la civilisation.

Immédiatement se pose la question de la répartition des dépenses budgétaires de l'Etat, en somme des dépenses dont tous les citoyens sont à la fois solidaires, la question de la répartition des impôts entre les contribuables.

Assez différent en réalité est le bénéfice qu'une personne retrouve dans les dépenses de l'Etat suivant les diverses professions et suivant les diverses classes de la civilisation moderne ; différentes donc aussi devront être les parts contributives des divers citoyens.

L'Etat qui ferait peser également les impôts sur tous les citoyens, qui répartirait numériquement entre eux ses dépenses, n'aurait en principe le droit de le faire que s'ils profitaient chacun autant de ces dépenses ; et encore est-il juste que, s'ils profitent presque pareillement, ils doivent verser une cotisation identique, quelle que soit leur situation sociale, modeste ou grande ? Certes non.

Mais il est douteux que ceux qui ont une situation sociale fortunée, rien que de ce fait, ne profitent pas déjà davantage ; ce qui supprime même ce cas.

D'ailleurs, cette condition, *imposer également tous les citoyens*, est trop manifestement arbitraire pour être admise par les lois, sauf pour des impôts secondaires et pour l'impôt du sang, pour le service militaire.

Si les citoyens ne peuvent être imposés également, *il y a lieu de chercher dans quelle mesure ils doivent l'être* et *comment ils peuvent l'être effectivement* ; tel peut être présenté le problème de l'impôt.

*
* *

Pour ce qui est des impôts principaux qui alimentent le budget de l'Etat, soit de l'Etat français pris ici pour objet, les lois de perception supposent ceci : que ces impôts, en étant proportionnels à la consommation, atteindront les citoyens dans une juste mesure, par conséquent dans la mesure où ils jouissent des avantages sociaux.

Bien des motifs empêchent la raison d'être satisfaite par des formes d'impôt, qui sont proportionnelles à la consommation commune, encore qu'elles n'aient pas tout le défaut des formes invariables d'impôt par personne ou par famille.

Les formes proportionnelles sont préférables aux formes invariables, mais si elles ne frappent pas plus les citoyens riches que les citoyens pauvres dans l'impôt qui est choisi, elles manquent leur effet ; c'est ce qui arrive pour des impôts indirects sur les produits alimentaires. Des impôts, tels que les droits d'octroi et les contributions indirectes similaires, ne sont souvent que des impôts dont la forme variable ne laisse pas d'imposer pareillement toutes les familles ; c'est qu'ils s'adressent à des matières d'alimentation que tous les citoyens consomment à peu près de même, à quelque classe qu'ils appartiennent. Riches ou pauvres, n'est-il pas vrai, ont en moyenne des estomacs de même capacité, et absorbent une quantité de nourriture peu différente ; et même est-ce que ce ne sont pas les travailleurs manuels qui nourrissent les plus nombreuses familles ? est-ce que leur dépense d'énergie physique n'exige pas une quantité nutritive plutôt supérieure à celle qui suffit aux autres classes sociales ? Les impôts sur l'alimentation devraient donc atteindre les produits, autant que possible, en raison de leur qualité.

Il y a des avantages sociaux qui doivent être payés par les citoyens riches ; ce sont eux qui jouissent le plus du luxe des villes, des théâtres, des établissements d'art, des services publics ; les citoyens qui passent six journées de la semaine enfermés, à leur ouvrage, ne retirent pas le même agrément que les premiers des promenades et des édifices publics.

Entrer dans le détail économique de la vie des individus, serait nécessaire pour estimer combien sont inégaux les profits qu'ils tirent de l'État, en payant une part contributive équivalente ; si la part contributive répondait à ce profit, la participation d'un citoyen aux impôts devrait être la balance de sa participation à la richesse du pays.

Une autre manière de voir serait de penser que chacun peut contribuer en raison de l'épargne qu'il a rigoureusement le moyen de faire, en proportion de l'excédent de son gain, ou de son revenu, sur son budget strictement nécessaire.

Dans une société extrêmement simple, soit agricole, soit pastorale, où toutes les personnes vivraient d'une vie semblable, ce principe pourrait trouver son application ; mais dans notre société, où les manières de vivre cessent d'être semblables, l'impôt unique sur un superflu de revenu échapperait à l'application pratique. Car maintenant, chacun suivant sa position, et de plus suivant sa moralité, se fait des nécessités toutes conventionnelles, nécessités de mode et nécessités de plaisir, qui absorbent ce qui devait être son superflu ; l'estimation d'une telle valeur serait doublement impossible à l'Etat, ce superflu étant relatif à la situation sociale, étant discutable, et étant presque inconnaissable avec exactitude.

Malgré l'abîme qu'il y a en matière d'impôt entre la théorie philosophique et l'application, à nos yeux, ce principe reste : *que de justes contributions combinées doivent tendre à frapper les citoyens d'une façon croissante avec leurs moyens d'épargne, tenant compte encore des sources diverses d'épargne, des rapports entre l'épargne et le capital, ces rapports changeant selon la nature du capital;* il n'en est pas moins vrai, beaucoup de tempéraments étant réservés, que les impôts dans leur ensemble doivent, pour être équitables, être établis de telle sorte, qu'ils tirent proportionnellement davantage des grandes fortunes, frappant ainsi les citoyens riches dans une mesure totale franchement croissante.

Par quelle audace intéressée soutient-on que le citoyen qui, vivant assez strictement, n'a le moyen d'épargner qu'en se privant réellement, doit verser à l'Etat la même fraction de son gain, ou de son revenu, sinon une fraction plus considérable, que celui qui, vivant le plus largement d'une fortune assise, épargne sans travailler et sans restreindre son luxe ?

Quoi qu'en puissent dire des contribuables, fort habiles pour défendre par tous les arguments leurs intérêts particuliers égoïstes, en principe, un impôt résultant progressif est le seul qui réalise la justice, dans une société où les inégalités de bien-être sont énormes.

La question difficile, c'est de savoir comment obtenir cette progression par un ensemble d'impôts pratiques. Car évidemment, il ne faut pas songer à réaliser cette progression au moyen d'un impôt unique, dit global, qui se substituerait à tous les impôts à la fois. Tant à cause des fraudes qu'à cause des taxations mal fondées, les plus honnêtes arriveraient, comme c'est le cas dans tant de circonstances, à payer pour les moins honnêtes.

Combiner le plus grand nombre possible d'impôts, soit directs, soit indirects, qui atteignent les riches avec des catégories, lesquels équivaudront à des proportions moyennes et fixes, voilà le moyen que nous proposons. Le grand nombre de ces impôts fera que les contribuables n'y échapperont pas ; il fera aussi qu'en moyenne ils ne seront jamais trop taxés ; en effet, l'imposition totale étant une addition de beaucoup de petites, qui sont séparément peu importantes, si quelqu'un de ces impôts se trouve être appliqué un peu fortement, un autre impôt partiel sera en compensation appliqué un peu faiblement, et d'ailleurs la différence pour cent sera une chose négligeable au fond.

Sommaire des impôts en France:

Actuellement en France, les contributions de toutes natures qui sont relatives soit aux personnes et aux immeubles, soit à la consommation et aux jouissances se composent :

I. Des contributions directes, dont les principales bases sont : l'impôt foncier, l'impôt personnel, les portes et fenêtres, les patentes, les taxes sur les congrégations, les taxes sur les cycles, sur les chiens, etc., avec augmentatations de centimes additionnels ; ce qui est un moyen d'accroître les impôts sans en changer les bases.

II. Des droits d'enregistrement, du timbre et des revenus des domaines.

III. Des produits des douanes et des contributions indirectes, qui consistent en droits d'importation et d'exportation, de transit, d'entrepôt, de plombage, de navigation, de port, qui consistent en impôts sur les boissons alcoolisées, sur les sucres, sur les sels, sur les poudres à feu, sur les cartes à jouer, en droits de sceaux, brevets d'invention, passeports, octrois, droits universitaires, amendes et confiscations.

IV. De la vente des tabacs et des allumettes, dont l'Etat s'est réservé le monopole de fabrication et de vente.

V. Des produits des postes, télégraphes et téléphones.

VI. De l'administration des forêts et des eaux.

VII. Du produit de la fabrication des monnaies et médailles ; du contrôle des matières d'or et d'argent, des poudres, des mines et salines minières ; des revenus en biens de l'Etat et des redevances coloniales.

Détail des contributions directes : sur les propriétés bâties, sur les propriétés non bâties, sur les portes et fenêtres ; contributions personnelles mobilières, patentes, contributions sur les biens de mainmorte, sur les mines, pour vérification des poids et mesures, des alcoomètres et densimètres, pour visite des pharmacies et drogueries, pour inspection des fabriques et dépôts d'eaux minérales, sur les voitures automobiles, vélocipèdes, chevaux, mules et mulets, sur les billards, sur les cercles et sociétés ; rétribution des délégués mineurs, impositions pour essai des machines à vapeur, pour la surveillance des fabriques de margarine ; droits d'hypothèques, droit d'accroissement, droits de mutations de meubles et d'immeubles par ventes et par décès ; droits d'enregistrements de tous les actes judiciaires, civils et administratifs : droits de timbre sur actes, annonces, affiches, sur bordereaux des agents de change, sur contrats d'assurance, contrats de transport, sur les marques de fabrique, les passeports, les permis de chasse, les cartes à jouer, les quittances, sur les reçus, chèques, effets warrants, par les titres mobiliers et billets de banque ; les impôts sur le revenu des valeurs mobilières, sur les opérations de bourse sur les recettes des théâtres, courses et jeux et sur les revenus de certaines associations.

Détail des contributions indirectes : droits sur les vins naturels, cidres, poirés, alcools, hydromels, bières, vins et liqueurs alcoolisés ; droits d'entrée sur les huiles végétales et animales ; droits de fabrication des stéarines et des bougies, droit de consommation sur les vinaigres, sur l'acide acétique, sur les sels, sur les sucres ; droits sur les transports par moyens de chemin de fer et par autres véhicules ; droits de licence aux distillateurs et débitants, aux entrepreneurs de voitures publiques, droits sur les cartes à jouer, droits sur la pêche droits sur les passages d'eau, poinçonnage des matières d'or et d'argent, droits relatifs à la dénaturation des alcools, droits de douane, droits de statistique, droits de navigation, amendes relatives au travail des manufactures, et cœtera pour les omissions.

V. Impôts à établir sur les manifestations du luxe.

De ce que nous avons dit, il résulte : qu'il faut chercher à imposer par le menu l'excédent de richesse qui se dépense en superfluités, qu'il faut établir des impôts sur les manifestations du luxe, pour pouvoir en diminuer qui atteignent la consommation populaire et les producteurs pour cette consommation.

Déjà nos législateurs ont proposé certains impôts directs, qui sans être en eux-mêmes proprement progressifs, ne réalisent pas moins une progression effective en frappant le luxe, tels que les impôts sur le nombre des domestiques privés, masculins et féminins, qui servent les classes riches, tels que ceux sur les chevaux de luxe et sur les équipages, tels que ceux sur les loyers ; ce sont là, croyons-nous, de bonnes formes d'impôt, à condition qu'on tienne compte du nombre de la famille et qu'on les atténue en conséquence ; car une famille qui compte six enfants mineurs ne s'offre plus le luxe de celle qui n'en compte qu'un ou deux, en employant tout autant de domestiques et en payant un loyer tout aussi cher.

A ces impôts projetés, il faudrait chercher à en ajouter beaucoup d'autres petits, qui, de côté et d'autre, auraient le même effet, *qui amélioreraient la résultante*, la répartition générale de l'impôt, la participation sociale.

Emettant des idées, non des projets de lois, indiquons par exemple comme des impôts possibles à étudier : 1° un impôt sur les hôtels privés et sur les châteaux avec trois catégories — de valeur passable, de valeur moyenne, de grande valeur ; 2° de même avec trois catégories payantes, un impôt sur les grandes chasses et sur les grands parcs ; 3° des centimes additionnels très élevés sur les portes, fenêtres, tourelles et vérandas, des maisons luxueuses, dans le but de décharger de cette contribution des maisons ouvrières et des quartiers ouvriers.

Mais que ce soit réellement la population ouvrière qui profite de cette décharge, non pas les propriétaires et les gérants ! peut-être faudrait-il instituer dans les grandes villes une commission qui contrôlerait et limiterait les valeurs des petits loyers ouvriers, ou charger de cet arbitrage la commission d'hygiène ; autant que je sache, il arrive trop souvent que dans les quartiers ouvriers les loyers sont surfaits, étant donné l'état et la situation de l'habitation, si l'on applique la base urbaine de prix des loyers plus chers et plus vastes.

Dans un autre ordre d'idées : 4°, il y aurait lieu d'imposer les voyageurs non commerciaux, — attendu qu'on ne voyage pour son plaisir que si on peut se permettre quelque luxe ; ainsi pour préciser, suivant les hôtels, dans lesquels descendraient les voyageurs d'agrément, à partir d'un certain prix, soit huit francs par jour, ceux-ci pourraient être sujets à un certain impôt qui courrait par mois, ou par séjour minimum de trois jours pleins, cet impôt pouvant varier par exemple de un franc à dix avec le prix d'hôtel.

Il serait logique que les étrangers paient le double, parce qu'il faut encore plus de luxe pour se payer un voyage à l'étranger, et surtout, parce qu'ils doivent participer à la dépense publique pendant leur séjour dans un pays qui les reçoit et qui les protège si bien.

5° Sur les héritages, il y a lieu d'établir un impôt plus progressif, toutefois avec une base peu élevée, puisqu'il ne s'agit plus de revenus, mais de capitaux ; cette base, par exemple, pourrait être variable de k à 5 fois k pour cent entre les chiffres de dix-mille à cinq cent mille francs et au-dessus pour héritiers directs, de 2 k à 10 k pour héritiers indirects, le chiffre étant pris pour la part de chaque héritier. L'impôt ordinaire, en lequel consistent les frais de succession, se cumulerait avec cet impôt différentiel.

6° Enfin, pour charger les classes les plus imposables, à savoir les classes qui profitent le plus de l'existence sociale, nous ferons une dernière proposition relative aux impôts indirects, c'est que des impôts indirects de remplacement soient prélevés sur des articles de luxe bien définis, par exemple, quant à l'alimentation, sur les vins fins classés, sur les liqueurs fines, sur la parfumerie, par exemple, sur divers meubles, pièces de table, lustres etc. Les différentes contributions, qui seraient inspirées par des idées de ce genre, devraient principalement permettre d'en supprimer ou d'en réduire d'autres, celles qui pèsent le plus lourdement sur les contribuables travailleurs, et surtout sur les classes populaires.

Le moindre résultat qu'il s'agirait d'obtenir finalement, c'est que les impôts de toute nature à la fois ne puissent prélever plus de cinq pour cent sur le gain ou sur le revenu des classes les moins favorisées, pouvant prélever sans exagération dix à quinze pour cent, si cela est nécessaire, sur le revenu des classes les plus fortunées ; or, c'est l'inverse qui a lieu actuellement à l'encontre de la justice sociale ; d'ailleurs il est inadmissible que des taux plus élevés que ceux-là ne soient pas suffisants pour équilibrer le budget d'un Etat, où l'économie perceptive et administrative n'est pas mauvaise.

IV. Economies de perception et d'administration emploi des économies.

Si les frais de perception des impôts sont exagérés, le budget sera aussi exagéré sans effet utile ; c'est pourquoi un autre problème qui se présente en même temps que celui de la juste répartition est de réduire au minimum les frais de perception de l'impôt, de tous les impôts ;

ce problème fait que dans l'application il faut choisir entre beaucoup de formes de contributions qui sont équivalentes en théorie. On sait que le recouvrement des impôts comme les payements des services publics s'effectuent par des percepteurs, par des receveurs particuliers et par des trésoriers-payeurs généraux ; or, ces derniers, les trésoriers-payeurs généraux, qui ont des appointements très élevés, qui coûtent fort cher avec tout leur personnel, ne sont guère que des caissiers centraux, et comme tels ils pourraient simplement être supprimés ; les opérations, toutes mécaniques, de transport et de distribution d'argent qu'ils ont à faire, seraient faites cinq fois plus économiquement peut-être par des banques ; des banquiers donc pourraient être commis à cet effet, à condition, bien entendu, d'offrir à l'Etat toutes les garanties nécessaires, et demeurant sous le contrôle de la cour des comptes et du ministère des finances. Ils toucheraient une commission en raison des déplacements de fonds qu'ils auraient opérés, que ce soient des recettes venant des receveurs ou que ce soient des paiements faits à leurs caisses. Les succursales de la Banque de France seraient chargées de tous les ressorts d'importance considérable, et à défaut, les premières banques privées s'occuperaient des ressorts secondaires.

En dessous de ces agents, il y en a sans doute encore d'autres qui font double emploi, étant donné qu'ils ont des employés qui font tout leur travail.

Nous voulons plutôt soulever ces questions que les approfondir, ce que notre compétence ne nous permet pas, et ce qui d'ailleurs dépasse le cadre de ce chapitre.

Mais il n'y a pas des économies à faire que dans cette

administration ; dans toutes, une économie de fonctionnaires et de retraités s'impose ; c'est principalement sur les fonctionnaires des services centraux que de grosses économies sont possibles. Non seulement le fonctionnarisme étouffe l'initiative française, il saigne sa sève en suçant un gros morceau du budget. En principe général, près du tiers de ces fonctionnaires devrait être supprimés, tant par congés que par extinctions ; il est des administrations où, la moitié du nombre de fonctionnaires qu'elles emploient peut suffire avec des procédés abrégés et expéditifs ; il en est d'autres où un quart devient superflu avec un meilleur rendement de travail utile.

Les économies qui résulteraient de la simplification des perceptions, de la réduction de toutes les administrations, donneraient le moyen de fonder de grandes œuvres philanthropiques, avec les ressources disponibles en particulier, elles permettraient, suivant une idée que nous avons émise, de fonder une œuvre générale de colonisation par l'assistance active de l'Etat, fermier et actionnaire provisoire ; dans cette voie, elles permettraient de faire plus encore : d'organiser pour tous citoyens français la propriété inaliénable.

VII. Organisation de la propriété inaliénable ou du propriétariat.

A la situation instable des travailleurs qui n'ont aucune propriété, on doit chercher à apporter un remède par la propriété, en même temps que par l'épargne. Ce remède, aussi simple que radical, serait de rendre tout citoyen français propriétaire d'un morceau du sol, soit en France, soit dans les colonies, par l'enregistrement de terres inaliénables, *par une organisation générale du propriétariat*. Tout citoyen français, tout habitant des colonies non étranger, obtiendrait un droit invendable de propriété, qui porterait, sur une propriété arable d'une surface déterminée, un peu plus grande ou un peu plus petite, d'une valeur équivalente pour la culture.

Les catégories de citoyens peu fortunés et les indigènes dans le même cas recevraient peu à peu dans les terres libres un lot cultivable pour chaque famille ; ces lots, qui désormais ne sauraient être engagés, ni vendus, qui ne pourraient qu'être loués ou échangés, seraient transmissibles par hérédité, sans division, avec retour aux communes par extinction ou par désuétude. S'ils demeuraient incultes, sauf justification des inscrits détenteurs, les communes auraient le droit de les louer provisoirement au profit d'indigents.

Le but principal est d'abord de fournir à ceux qui sont dépourvus de travail, un élément durable de travail, un refuge, où ils pourraient toujours élire domicile sans bourse délier, et un champ où ils pourraient toujours obtenir quelque récolte ; le but est ensuite l'exploitation de la terre et la mise en valeur des colonies, celle de tout territoire appartenant à la France. Sur sa demande tout indigent obtiendrait le retour gratuit sur sa propriété inaliénable (1).

L'organisation se poursuivrait progressivement, dans

(1) Au même ordre d'idée, se rattachent des œuvres récentes, qui ont eu déjà quelques succès à leurs débuts ; ce sont *les Jardins ouvriers* : l'œuvre de Madame Hervieu à Sedan, celles des terrianistes du Nord à Saint-Étienne, les fondations municipales à Beauvais, de Besançon, etc., les fondations à l'étranger (Voir la brochure de M. Rivière, publiée par la Société d'économie sociale).

les colonies par concessions, plus lentement en France avec les successions ; d'ailleurs appliquer la loi aux catégories plus ou moins fortunées ne serait pas si urgent ; les citoyens déjà propriétaires hors des villes seraient tenus de déclarer tel lot qu'ils choisissent comme invendable, lot qui ne dépasserait pas les limites de valeur assignées ; ceux qui ne seraient pas propriétaires de terres de culture, lors des successions qui leur adviendraient, serait munis d'office par l'État chacun d'un lot à leur frais, quelques exemptions et délais étant admis par la loi au besoin (1).

Ce projet ainsi que ceux d'impôts, qui se rattachent les uns et les autres à la participation sociale, étant seulement posés ici comme des esquisses, comme des idées préliminaires, devraient trouver des formes définitives et légales dans les études législatives les plus serrées.

(1) Dans la jouissance de la propriété, il faut voir une condition de l'existence sociale ; ainsi, suivant Lamennais, la propriété, qui se trouve être (au regard de la nature) la condition physique de l'individualité, est aussi la condition physique du droit, le droit se résolvant dans la libre action de l'individu, au point de vue exclusif de sa propre conservation et de son propre développement. Toutes les questions de liberté, selon ce philosophe, aboutissant à des questions de propriété.

CHAPITRE VI

MORALE INTERNATIONALE ET HUMANITAIRE

**De la guerre : comment peut-on l'empêcher ?
Comment sera-t-elle empêchée par le progrès économique ?**

Nous ne saurions terminer ce petit traité sociologique sans parler quelque peu de la morale qui s'étend aux peuples frères, et dont le plus grand but doit être de prévenir les luttes armées homicides, sans parler de cette morale, qu'on peut appeler internationale et humanitaire.

Au-dessus des Etats, sociétés autonomes, nations, est la société universelle des hommes qui renferme tous les nations, qui, société de nations, qui, humanité, groupe enfin tous les individus en une seule colonie terrienne d'êtres semblables. Or, les lois de la morale ne s'appliquent pas moins aux nations en société qu'aux individus en société et qu'aux idées en association d'esprit.

Un équilibre de l'humanité dépendra de toutes les relations rationnelles et morales d'Etat à Etat, la cohésion générale étant compromise dans une certaine mesure par toute rupture de relations équitables et pacifiques entre deux Etats quelconques.

Si l'humanité malgré une civilisation avancée, malgré des mœurs bien adoucies, malgré toutes les communications internationales contemporaines, reste encore un système social vivant auquel il manque une cohésion stable, auquel fait défaut une union sincère, il faut en voir la cause majeure dans les guerres, toujours en partie immorales, toujours contraires à la raison universelle, qui renouvellent des luttes barbares et sanglantes, plus coûteuses que jamais, destructrices le plus souvent des deux côtés, il faut en voir la cause au moins dans les idées de guerre qui menacent incessamment les peuples et qui entretiennent entre eux de continuelles méfiances.

Un des écrivains dont la langue française s'honore le plus, sublime moraliste autant que génie littéraire immortel, Fénelon, nous a laissé « sur la guerre, et contre les guerres injustes » les deux belles pages que voici : « Toute
« compensation exactement faite, il n'y a presque point
« de guerre, même heureusement terminée, qui ne fasse
« beaucoup plus de mal que de bien à un Etat. On n'a
« qu'à considérer combien elle ruine de familles, combien
« elle fait périr d'hommes, combien elle ravage et dé-
« peuple tous les pays, combien elle dérègle un Etat,
« combien elle y renverse les lois, combien elle autorise
« la licence, combien il faudrait d'années pour réparer
« ce que deux ans de guerre causent de maux contraires
« à la bonne politique dans un Etat. Tout homme sensé,
« et qui agirait sans passion, entreprendrait-il le procès
« le mieux fondé selon les lois, s'il était assuré que ce
« procès, même en le gagnant, ferait plus de mal que de
« bien à la nombreuse famille dont il est chargé ? »

« N'avez-vous point fait quelque injustice aux nations

« étrangères ? — On pend un malheureux pour avoir
« volé une pistole sur le grand chemin, dans son besoin
« extrême, et on traite de héros un homme qui fait la
« conquête, c'est-à-dire qui subjugue injustement les
« pays d'un Etat voisin ! — L'usurpation d'un pré ou
« d'une vigne est regardée comme un péché irrémissible
« au jugement de Dieu, à moins qu'on ne restitue ; et on
« compte pour rien l'usurpation des villes et des provin-
« ces ! — Prendre un champ à un particulier est un grand
« péché ; prendre un grand pays à une nation est une
« action innocente et glorieuse ! — Où sont donc les
« idées de justice ? Dieu jugera-t-il ainsi ? *Existimâsti*
« *inique quod ero tui similis*. Doit-on moins être juste
« en grand qu'en petit ? La justice n'est elle-plus justice,
« quand il s'agit des plus grands intérêts ? Des millions
« d'hommes qui composent une nation sont-ils moins nos
« frères qu'un seul homme ? N'aura-t-on aucun scrupule
« de faire à des millions d'hommes l'injustice, sur un
« pays entier, qu'on n'oserait faire pour un pré à un
« homme seul ? »

« Tout ce qui est pris par pure conquête est donc pris
« très injustement et doit être restitué ; tout ce qui est
« pris dans une entreprise sur un mauvais fondement est
« de même ».

« Les traités de paix ne couvrent rien, lorsque vous
« êtes le plus fort et que vous réduisez vos voisins à si-
« gner le traité pour éviter de plus grands maux : alors
« ils signent, comme un particulier donne sa bourse à
« un voleur qui lui tient le pistolet sur la gorge. La guerre
« que vous commencée mal à propos et que vous avez sou-
« tenue avec succès, loin de vous mettre en sûreté de cons-

« cience, vous engage non seulement à la restitution des
« pays usurpés, mais encore à la réparation de tous les
« dommages causés sans raison à vos voisins » (1).

....

Telle est, toute pure, la vraie morale internationale,
qu'il convient de rappeler à tous ceux qui ont la responsabilité de la guerre, responsabilité la plus énorme qui puisse être.

*
* *

Cependant, tandis que la lutte armée, ou la lutte des armements, élève des barrières meurtrières entre les peuples, cette lutte ne cherchant à régler que par la force coercitive les intérêts opposés : tantôt intérêts commerciaux et industriels, tantôt intérêts de religion et d'influence, tantôt ambitions nationalistes et honneurs patriotiques, — de grands travaux humanitaires, on ne peut le contester, tendent à les unir, de grandes pensées, de beaux projets unissent déjà les principales nations du monde, les travailleurs aspirant à la paix et enchaînant librement les nations les unes aux autres par l'échange de leurs produits, les sciences, les lettres et la philosophie concourant à relier les esprits de toutes langues et de toutes religions, toutes les œuvres de progrès étrangères à la guerre aidant à concilier les peuples pour n'en faire qu'une seule grande famille.

Longtemps l'idée de la paix universelle fut considérée purement comme une utopie politique ; il fallut que le chef d'un des premiers États du monde entreprisse de

---

(1) Examen de conscience sur les devoirs de la royauté.

poser pratiquement le problème, qu'il obtint la réunion d'une conférence internationale des puissances pour étudier, *ainsi qu'un début*, la question du désarmement, c'est-à-dire, plutôt celle de la réduction des armements, efficacement surtout, pour régler celle des lois de la guerre, celle de l'arbitrage entre nations, il ne fallut rien moins que cette haute intervention active d'une autorité impériale, pour que l'idée d'une entente pacifique universelle, de philosophique devînt, à l'heure qu'il est, un problème social et politique à l'étude (1).

Qu'un tribunal international, constitué en permanence, soit un arbitre moral entre les Etats qui ont des différends, que ceux-ci ne se refusent pas à tenir compte de ses appréciations, cela fait déjà un sérieux progrès ; mais pour que la sanction de ce tribunal devienne décisive et presque sans appel sur des questions graves et importantes, il est nécessaire qu'il soit soutenu plus que moralement, qu'au pire le refus d'un parti de s'entendre raisonnablement puisse changer sa situation politique, puisse l'isoler dans le concert des puissances, que celles-ci en fait le paralysent dans son action agressive.

C'est ce qui sera possible, si les différentes puissances représentées effectivement dans le tribunal international, en nombre et en force, se groupent politiquement contre l'Etat qui veut mépriser le droit universel, si sans détours elles s'engagent à s'opposer solidairement à ses tentatives de violence. Exceptionnellement, ces puissances devraient aller jusqu'à soutenir, pour l'intérêt général, l'Etat qui se trouve injustement opprimé, par leur

---

(1) Conférence de La Haye, ouverte le 18 mai 1899 sur l'initiative du Tzar.

assistance en argent et en instruments de défense, et même par leur assistance en troupes armées et par le blocus commercial de l'Etat agresseur.

Un tel sacrifice qui serait fait dans l'intérêt pur de l'humanité serait un exemple profitable, qui porterait d'autant plus de fruits qu'il serait plus réel, plus considérable, plus unanime, et qui ne se renouvellerait guère, parce qu'à l'avenir une menace de répression exécutoire ne serait plus tenue pour vaine ; mais il est très difficile à obtenir sans réserves dans le cas général.

Les guerres absurdes, qui ne proviennent pas du conflit des intérêts, semblent devoir être supprimées le plus aisément en faisant appel par l'arbitrage au bons sens des nations hostiles. Du conflit des intérêts des peuples naissent des causes moins déraisonnables de guerre, parce que l'un ne veut pas céder ce qu'il croit être son droit, ou abandonner un avantage qu'il considère lui appartenir, et parce que l'autre qui ne reconnaît pas ce droit ou qui se donne le droit du plus fort, ne recule pas devant la violence pour prendre possession d'un bien. Le tort est souvent du côté du plus fort. Si les plus puissants se montraient toujours les plus justes et les plus généreux, beaucoup de guerres seraient empêchées et les intérêts seraient néanmoins satisfaits à la longue.

Que la guerre puisse être de plus en plus écartée par un équilibre politique international et par l'autorité d'un tribunal, ce n'est pas là encore une promesse éternelle de paix. Tant qu'il y aura des matériaux inflammables, il y aura des incendies que les pompiers ne feront que prévenir et circonscrire ; de même tant qu'il y aura des hommes égoïstes et passionnés il y aura des luttes et des menaces de guerres que les arbitres ne pourront que réduire et écarter. Deux motifs s'opposent à ce que le principe même de la guerre cesse absolument d'exister et à ce que la menace de guerre devienne une chimère : le premier est l'imperfection des hommes en tant que volonté, la guerre sortant d'un conflit de volontés qui ne sont pas bonnes ; le second est l'imperfection naturelle des hommes et des foules en tant que sentiment, la guerre sortant aussi d'un conflit de sentiments qui n'ont pas de justes mesures. Quand les hommes auront des volontés saintes et quand ils sauront contenir leurs passions, la guerre ne pourra plus exister ; mais on peut affirmer que l'humanité se sera écoulée sur terre avant que les hommes ne soient devenus des êtres si parfaits.

Rien pourtant ne doit empêcher d'améliorer le droit international, des lois parfaites qui précisent les droits de chaque nation en toutes circonstances, écartant les malentendus et pouvant exclure la guerre dans tous les cas où il n'y a pas de mauvaise foi. En vérité, ni plus ni moins en politique internationale qu'en politique intérieure, la morale ne permet de sacrifier à l'intérêt particulier, la justice, qui est l'intérêt universel ; au reste si tout intérêt doit être subordonné à la justice, la politique a encore pour très belle tâche de combiner les intérêts internationaux selon le bien général de l'humanité.

On conçoit que la paix universelle sera liée à des combinaisons politiques, intéressées, mais justes, à de puissants groupements de nations qui s'opposeront à la guerre ; il y a donc lieu d'examiner les formes de groupement international qui sont les plus propres à maintenir cette paix du monde. A considérer comme réalisable est le cas, où les puissances principales se repartiraient en trois groupes d'alliance, tels que deux groupes réunis seraient manifestement plus forts que le troisième ; de cette façon la paix peut être maintenue grâce à l'inégalité des forces, la force pacifique résistant à la force belliqueuse ; d'ailleurs, le double groupe comprenant la majorité des puissances, si on ne suppose une indifférence de certaines de ces puissances qui en fassent des non-valeurs, on peut espérer que le bon droit régnera de son côté en même temps que la force.

Actuellement, c'est par des groupements de cette sorte que se trouve le mieux assuré l'équilibre de l'Europe, et même ces groupements politiques se sont étendus au delà du vieux monde civilisé ; un désintéressement fâcheux est que beaucoup d'États demeurent indifférents à la paix universelle, du moment que leurs intérêts particuliers ne leur paraissent point en jeu ; mais c'est un raisonnement à courte vue, sur lequel ils reviendront dans l'avenir.

Si toutes les puissances influentes ne formaient que deux groupes adverses presque égaux, un conflit général ne se produirait peut-être pas facilement, mais qu'il se produise à la longue par des tensions croissantes, il sera à craindre qu'une guerre formidable, universelle, sans précédent comme destruction, n'anéantisse le travail accumulé de cinq siècles et ne ruine toute la civilisation, après avoir faussé toutes les raisons et avoir ramené les esprits des hommes à des passions brutales.

Une éventualité plus probable est que beaucoup de petites puissances, anciennes ou nouvelles, se refuseraient à participer à la lutte de deux grands partis belligérants, qui seraient constitués par les cinq ou six premières puissances, et qu'elles profiteraient de leur affaiblissement.

Le groupement idéal qui est à souhaiter, c'est évidemment l'unité, l'unité de groupement de tous les États prépondérants en grande majorité, autour desquels se rangeraient comme états-neutres les plus petits ; cette unité exigerait un renoncement à bien des ambitions, chacun se contentant d'exploiter son bien national définitivement consacré.

De l'échange économique entre les grands États, pourrait naître une solidarité qui ne ferait que croître, qui préparerait et consoliderait économiquement cette unité politique ; car, à la fois fournisseurs et consommateurs des uns des autres, des sociétés ont des intérêts à s'unir par des traités favorables.

II. Troubles sociaux intérieurs qui sont des causes de guerre.

Dans d'autres chapitres nous avons dit comment les sociétés et les nations se forment ; comment les sociétés et les nations finissent-elles ?

Les sociétés ne se détruisent pas seulement entre elles, les nations ne périssent pas seulement par l'invasion étrangère ; une société par l'anarchie et la guerre civile se détruit aussi elle-même, une nation se corrompt, et les autres ne font que se disputer ses restes.

Si la guerre proprement dite est une lutte homicide entre peuples différents pour quelque compétition de pouvoirs, la guerre civile, chez une nation, lutte intérieure, qui a généralement pour enjeu les pouvoirs de l'Etat, au lieu d'être comme la première un duel, est un suicide partiel, elle est une maladie au lieu d'être un accident ou une blessure.

Les Etats malades, en proie à l'anarchie par décomposition morbide, ne sont pas les moindres causes de guerre internationale dans la société universelle, dans le corps de l'humanité, dont ils représentent des cellules ouvertes, des cellules viciées, des cellules à remplacer, et l'on peut même affirmer que de nos jours ces causes indirectes sont les principales causes de guerre. Par là un lien étroit se découvre entre le désordre intérieur, ou la guerre civile, et entre la guerre étrangère.

Vous voyez les nations progressistes, qui aspirent à étendre leurs domaines, convoiter ainsi qu'un héritage leur bonne part d'un Etat malade ou faible, qui est en train de se diviser ou de se dissocier; chacun prétend intervenir à son profit dans les affaires de celui-ci ; d'ailleurs, les motifs et les occasions ne manquent point; la nation désorganisée n'est-elle pas un danger pour ses voisines ? ne paralyse-t-elle pas l'essor du commerce des autres et ne menace-t-elle pas la vie des sujets étrangers qui séjournent sur son territoire ? enfin, à demi barbare, ne compromet-elle pas l'œuvre générale de la civilisation qui ne souffre plus de barrières ?

La question d'Orient, celle plus récente d'extrême Orient, sont, vous le savez, des cas exemplaires de cette nature ; cinq Etats européens se disputent les membres d'un homme malade, dont l'amputation est reconnue nécessaire.

La faiblesse autant que le despotisme de l'Espagne à Cuba fournirent aux Etats-Unis un prétexte pour s'emparer par force de cette colonie.

Des troubles sociaux intérieurs désorganisent une nation ; mais ils ont cette issue, la guerre étrangère, seulement parce que sa vitalité est devenue trop faible pour les surmonter, qu'ils sont devenus des maux chroniques, que cette nation ne sait plus tirer d'elle un pouvoir suffisamment fort pour les dominer et pour triompher d'une crise.

Or, la vitalité d'une nation, fruit de son initiative, de son activité, de son travail, dépend de sa production, de son agriculture et de son industrie, de son commerce et de son transit, de son importation de matières brutes et de son exportation de matières fabriquées ; ensuite la force de l'Etat qui est rendue possible par sa vitalité, par sa richesse active, est réalisée par un gouvernement fort, par un pouvoir stable, lequel, sûr de l'ordre intérieur, agit de lui-même, lequel peut donner tous ses soins à la défense nationale et à l'expansion au dehors, lequel conserve le sentiment patriotique, qui s'épuise dans des dissensions intestines.

Momentanément une nation vitale peut être affaiblie, ou plutôt troublée, lorsque la direction des affaires du pays change, lorsque cette direction est confiée à un pouvoir divisé et sans tête, lorsqu'elle est livrée à des politiciens, soit trop intéressés, soit trop passionnés, soit trop médiocres, soit injustes et corrompus.

Qu'un peuple énergique ait la vertu suffisante pour vouloir, et imposer à l'Etat, une constitution saine en portant au pouvoir des hommes nouveaux, capables et intègres, il saura encore relever haut le drapeau de la patrie, un instant abaissé.

Qu'au contraire une nation, dont la vitalité est faible, voie à ce mal politique se joindre la corruption, l'immoralité et l'insouciance des citoyens, que la situation s'aggrave d'autres maux, tels que la famine, la peste, la banqueroute, les grèves, on peut lui prédire une chute prochaine sinon imminente.

Ce n'est pas que la lutte soit mauvaise en soi ; ce qui est mauvais, c'est la lutte déloyale par la corruption, comme la lutte inutile par le sang.

Si un peuple vit, il ne vit que par des luttes pacifiques à la fois au dedans et au dehors ; il y a les luttes de l'industrie, de la colonisation, du commerce et des transports ; il y a les luttes de la science et de la pensée, les luttes des langues ; il y a les luttes esthétiques dans les arts, dans les modes et jusque dans les sports. Voilà des luttes légitimes, plus ou moins fécondes, qui peuvent s'exercer dans le sein d'une nation de même qu'elles peuvent s'exercer entre les nations.

Enfin, si chacune a son utilité, de toutes la plus noble, c'est la lutte pour l'application des idées pures et morales, celle qui ayant en vue le seul bien universel doit ainsi profiter à toute l'humanité présente et future.

III. Progrès et espérances de l'humanité. Evolution industrielle, progrès matériel, progrès moral, rapprochement des peuples, humanité future.

Quels immenses progrès le siècle qui vient de finir n'a-t-il pas vu déjà se réaliser qui, imprévus, ou prévus, à leur tour en promettent d'autres ? Nous voulons parler des progrès matériels dans l'ordre scientifique et dans l'ordre industriel, dans l'ordre des transports et dans l'ordre des communications.

Les transformations si profondes, que les équilibres sociaux tout nouveaux, que les nouvelles formes économiques agrandies, ont causées dans le monde, ne purent s'accomplir en pratique sans produire des bouleversements d'industries locales, sans déterminer par suite des exodes de populations ; des inadaptés sont venus grossir d'un côté les rangs des hommes miséreux, pendant que, d'un autre côté des adaptés quittaient ces rangs, portés par les courants de la bonne fortune.

Ainsi, le nouveau monde, l'Australie, le Transvaal, et bien d'autres terres colonisées se sont peuplées et enrichies avec une prodigieuse rapidité par le travail d'émigrants pauvres et courageux du vieux monde.

Ni le progrès de la science, ni ceux de l'industrie, ni ceux des transports, ni surtout ceux de la colonisation ne semblent pourtant toucher à leurs termes ; aujourd'hui comme hier, les champs d'action scientifiques et industriels offrent toujours les plus vastes moissons aux activités intelligentes de toutes les classes sociales et de tous les peuples.

Ce qui est arrivé peut et doit arriver encore ; chaque colonie qui possède les terres fertiles et des mines inexploitées peut devenir demain un nouveau monde, plein d'avenir pour les pionniers audacieux, qui veulent la faire produire par leur travail. A eux, unissant leurs forces dans une même idée de création, d'ouvrir des sources nouvelles de production et des débouchés nouveaux à leurs patries, qui leur doivent certes bien de seconder leurs débuts difficiles.

Jamais des horizons plus grandioses ne se sont offerts aux planteurs et aux producteurs ; autrefois chaque province, ou chaque nation, était un marché à peu près fermé ; à présent, le monde entier tend à ne plus être qu'un seul marché ; au lieu que les concurrences soient limitées dans une grande ville entre quelques marchands, de nationales devenues internationales, les concurrences s'établissent entre tous les Etats à la fois. Du train où les conditions d'échange se développent, seuls plus tard se maintiendront comme producteurs du monde, au moins pour les articles courants de nécessité générale, ceux qui pourront naturellement produire à des prix presque équivalents de bon marché, les autres producteurs se trouvant réduits à disparaître ou à revendre en détail.

Le libre-échange est la forme définitive d'équilibre économique de l'avenir ; mais encore il ne saurait être appliqué tout d'un coup sans déterminer les ruines les plus fâcheuses ; la protection commerciale, et principalement industrielle, a incontestablement sa raison d'être, mais sa raison temporaire, comme une forme passagère, qui n'est que pour établir la transition, qui est seulement faite pour permettre, soit la naissance, soit l'adaptation moderne d'une industrie, dans une région où elle paraît pouvoir vivre, une fois qu'elle aura pris racine.

Au contraire, en des régions qui ne sont pas assez propices, toutes industries fatalement destinées à disparaître devant l'extension de la concurrence, de grandes industries, ne doivent pas être soutenues indéfiniment par des artifices coûteux. Etant donné que les consommateurs ne tarderont pas à s'approvisionner selon le principe économique le plus profitable, tout ce qu'il est possible de faire en faveur de ces industries, c'est de laisser des droits protecteurs en rendant l'échelle décroissante, avec le temps, pour leur permettre, grâce à ce délai, de liquider et d'amortir sans désastres avant l'annulation totale des droits d'entrée.

*
* *

Le progrès économique aura pour conséquence un progrès social dans le sens de la paix ; autrement dit, *de l'équilibre économique on peut déduire l'équilibre pacifique.*

A mesure que les peuples se spécialisent aux points de vue commercial et industriel, remarquons que chacun remplit vis-à-vis des autres, comme fournisseur ou comme consommateur, un rôle d'abord contingent, ensuite nécessaire, dans l'équilibre économique universel. Par suite de cette solidarité, la raison du meilleur marché s'ajoute ou se substitue comme motif politique à la raison du plus fort, l'intérêt de tous se lie à l'intérêt d'un seul peuple qui détient un marché commun. A mesure donc que la connexion des intérêts d'échange des peuples devient de plus en plus intime, l'industrialisme international devient un facteur plus puissant que le militarisme, il subordonne et rend raisonnable le militarisme. Conçoit-on l'équilibre d'un Etat, dont le travail pacifique suivant une spécialité nationale acquise sera indispensable à tous les autres, lorsque son équilibre viendra à être troublé et compromis par une attaque étrangère, la majorité des nations, voulant l'intérêt international, s'interposera sans doute pour maintenir une paix devenue nécessaire pour un ordre général économique.

Vous apercevrez, d'une autre manière, avec un peu plus de continuité, comment une évolution postérieure de progrès entraînera une permanente collectivité internationale opposée à la guerre, cela si nous empruntons des comparaisons à l'évolution de la nature et à l'évolution de l'histoire, si nous comparons l'évolution particulière à l'évolution générale qui en renferme le principe, qui doit le renfermer.

Première comparaison donnée par la nature, observez le corps d'un animal vivant, lequel est une collectivité de cellules, pour ainsi dire de toutes classes : une cellule, sans l'assistance mutuelle de toutes les autres cellules est peut-être capable de survivre, elle n'est pas capable de fonctionner spécialement ; un organe, lequel consiste en un groupe solidaire de cellules, lequel constitue comme une société particulière dans le corps entier, ne saurait se développer sans que tous les autres organes ne s'en ressentent, ne saurait non plus être affaibli sans que la santé du corps n'en éprouve le contre-coup douloureux ou gênant.

Remontez maintenant la genèse des organismes, vous verrez que d'abord indépendantes, luttant isolément, les cellules, encore microbes, se nuisaient entre elles, les protozoaires les plus forts absorbant les plus faibles. Lorsqu'une différenciation s'est produite, de telle sorte que chaque cellule doive jouer un rôle de plus en plus spécial dans l'équilibre mieux fini du corps, l'association nécessaire transforme la colonie relative de cellules, l'agrégation première, en un système durable et véritable.

où des lois se fixent par l'habitude, où des fonctions subsistent, la suppresssion de fonctions partielles ne pouvant plus désormais se produire sans l'harmonie de toutes, c'est-à-dire sans loi nouvelle, cela sous peine de rupture et même de mort.

Comme seconde comparaison, se présente à nous la naissance d'une ville moderne : dans la ville définitive, aucun habitant ne saurait plus se suffire à lui-même, que grâce à l'échange et que grâce à la coopération des divers métiers ; le banquier, par exemple, malgré tout son or, ne peut se passer du boulanger qui lui fournit le pain, ni du boucher qui lui fournit la viande, ni de beaucoup d'autres professionnels, paysans, marchands, artisans, écrivains et fonctionnaires, qui chacun ont leur nécessité conditionnelle dans les mœurs.

Cette nécessité n'a pas toujours existé, il n'en a pas toujours été ainsi : la ville actuelle est sortie du développement d'un hameau composé de quelques familles, si ce n'est même d'une unique famille primitive, qui pourvoyait elle-même à tous ses besoins. L'accroissement de ce hameau parmi les hameaux voisins en fit le marché du pays, le centre des échanges ; l'union des bourgs engendra la cité en laquelle se produisit la différenciation totale des métiers.

Au moyen âge, les rivalités et les conflits armés se produisent entre villes voisines jusqu'à la reconnaissance de l'intérêt général, jusqu'à la prépondérance de l'Etat qui le personnifie. Le progrès social s'étendant à des sphères plus vastes, liant des Etats après avoir lié des villes, on est conduit à penser que les Etats modernes finiront par s'unir en une société unique, ainsi que les villes féodales se sont unies en un royaume unique, avec une cohésion plus légère évidemment, et encore que cela suppose beaucoup plus de bonnes volontés, cette union procédant de la reconnaissance d'une législation internationale, qui a pour analogue la législation royale de jadis.

Avant que les frontières n'aient guère plus d'importance que les murs crénelés des anciennes places fortes, qui ont supprimé leurs ponts-levis, comblé leurs fossés, entraves pour une circulation moderne, il faut encore bien des nivellements entre les Etats contemporains.

C'est ainsi que, grâce à l'évolution progressive de l'échange et des transports, s'accentuera le grand mouvement unionniste, mouvement qui englobera les Etats européens, qui aboutira à leur agrégation, à leur confédération autant politique qu'économique.

Telles que de premières formes d'associations internationales, il faut signaler : les unions douanières, les conventions internationales de transport, de communication, de protection, les grandes compagnies continentales, les affiliations corporatives, les mesures et lois réciproques entre nations, les commissions d'arbitrage international, les assemblées d'actionnaires dont les intérêts sont internationaux, les correspondances collectives des classes par dessus les frontières, les congrès, les grands concours scientifiques et philosophiques, les concours sportifs, les expositions universelles, et avec tout cela, la diffusion des langues, des mœurs et des modes, l'accroissement des résidents étrangers, les migrations périodiques d'un pays à un autre.

Mais pour l'organisation internationaliste du monde, le libre-échange doit avoir l'influence la plus considérable ; c'est en effet principalement la liberté des échanges qui facilitera les réciprocités et les mutualités internationales, qui permettra le développement et l'enchaînement de ces premiers liens, c'est elle qui déterminera *la spécialisation des divers pays pour l'humanité*, c'est-à-dire, conséquence capitale, qui entraînera finalement la différenciation organique d'États définitifs, faisant de ces États des fonctions nécessaires du système international, des organes économiques de la Société universelle de l'avenir. Du jour où toute concurrence aura le champ libre, chaque pays se fera un monopole naturel de certaines exportations, chaque pays élaborera pour les autres les choses qui naturellement lui procurent le meilleur rendement, ce qui convient le mieux à son sol, ce qui réclame de lui un travail conforme à son tempérament et à ses aptitudes ; ce jour-là chaque peuple se spécialisera forcément davantage dans des travaux rémunérateurs, recevant désormais du dehors tout autres matières qu'il ne peut tirer à si bas prix de chez lui, tout articles qu'il ne peut fabriquer dans les plus économiques conditions.

En d'autres termes, la suite de l'évolution industrielle aura pour conséquence que tout produit du sous-sol, que tout produit de la terre, que tout objet manufacturé devra être extrait, cultivé, ou fabriqué en majeure partie par le seul peuple, ou par les seuls peuples, qui pourront les livrer au plus bas prix sur les lieux de consommation. Si le transport est dans le prix un élément variable qui s'ajoute au revient, de plus en plus négligeable deviendra dans l'avenir la majoration due au transport qui peut compenser les petites différences de main-d'œuvre.

Chaque peuple, chaque région, chaque climat, acquéreront leur spécialité dans l'organisme de la société humaine ; de là sortira une différenciation des travaux nationaux et régionaux, qui ne tendra qu'à s'affirmer avec le temps.

En réalité pour qu'un Etat ait besoin des produits d'un autre, il n'est nullement indispensable que les marchandises importées soient des objets ou des matières de première nécessité et des choses qu'il ne peut produire ; il suffit qu'il ne puisse produire en quantité suffisante pour ses habitudes et qu'il ne produise qu'à un prix un peu plus élevé ; dans ce cas, il renoncera aisément à être son fournisseur, au moins durant une ère assurée de paix.

La différenciation du commerce international est commencée à l'heure qu'il est. Ne voyons-nous pas, en effet, l'Amérique du Nord, la Russie du Sud se spécialiser pour la grande production du blé, l'Inde et la région sud des Etats-Unis pour la production du coton, l'Indochine et la Chine pour celle du riz, le Brésil pour celle du café ; l'Australie l'emporte pour l'élevage du mouton, l'Amérique du Sud pour l'élevage des espèces bovines ; les peuples latins et l'Algérie l'emportent pour la production du vin ; la Grande-Bretagne occupe le premier rang pour la production de la houille, sinon du fer ; la Russie du Nord a le monopole des fourrures ; la Norvège fournit à l'Europe un bois pour les usages industriels, pâte à papier, menuiserie mécanique, l'Extrême-Orient approvisionne le monde de thé, etc.

Aux législateurs et aux économistes il appartient de favoriser cette différenciation si désirable, et de tirer parti de son développement naturel, en ménageant toutes les transitions nécessaires pour ne ruiner ni les Etats, ni les particuliers.

Tous les pays ne sont pas doués pareillement par la nature, tous ne sont pas également productifs dans leur genre ; ils doivent donc être peuplés non pas tant en raison de leur étendue que de leur situation et de leur richesse ; c'est ainsi que jamais la Norvège ne parviendra à nourrir par kilomètre carré autant d'habitants que la Belgique, ni l'Espagne autant que la France.

Les peuples, qui ne pourront se spécialiser, auront dans l'avenir moins de raisons d'avoir une existence à part ; beaucoup, n'ayant plus pour les conserver une utilité propre, seront sans doute dissous et refondus avec les Etats limitrophes, deviendront des annexes ou des colonies d'autres Etats qui reposent sur des conditions naturelles.

Le résultat pacifique final, que laisse espérer telle évolution économique universelle, sera, premièrement, que chaque Etat survivant dépendra de tous les autres pour la majeure partie de ses besoins vitaux, deuxièmement, à cause de cette dépendance, il sera que toute lésion faite à un Etat atteindra la vitalité de tous les autres, si bien que toute question entre deux Etats deviendra forcément une question internationale. C'est pourquoi il est permis d'espérer que, si les causes de guerre ne peuvent être supprimées en principe, en fait elles pourront être sensiblement enrayées dans une époque postérieure, où, chaque Etat ne se suffisant plus à lui-même, devra constamment compter avec le concours des autres, où aucune nation civilisée ne luttera plus isolément pour l'existence, où tous les peuples se soutiendront enfin dans une assistance mutuelle, qui sera devenue une nécessité formelle de civilisation.

* * *

Avec la multiplication des voies de communication, la génération prochaine verra un développement intense de l'industrialisme ; l'influence des voies de communication sur l'évolution sociale est de faire circuler toutes les idées, de vulgariser toutes les connaissances scientifiques et pratiques. Après l'ouverture des voies rapides de terre et de mer, qui tendent à établir par dessus toutes les frontières des communications libres, la science mécanique laisse entrevoir l'ouverture de voies aériennes illimitées par la réalisation, de jour en jour plus probable, des *aéromobiles*, par l'invention proche des automobiles de l'air. Toutes les sciences, en préparant le triomphe matériel de l'homme sur les éléments, préparent aussi le triomphe de la paix ; leurs succès enrichissent ensemble tous les peuples comme des héritiers également appelés.

Alors que certains commerces, certaines industries, certaines cultures sont destinés à devenir le privilège naturel de certains pays, au contraire les idéales cultures des arts et des sciences, le commerce, à la fois gratuit et précieux, des belles pensées et des belles formes littéraires, ne sont le privilège naturel, absolu, d'aucun pays, elles sont les produits du goût pur, du génie, elles sont la juste récompense d'un amour désintéressé du beau et du vrai, sous tous les climats et sous tous les cieux.

Jadis, le premier rang dans les lettres, dans les arts et les sciences appartint successivement, à l'Inde, à l'Egypte, à la Grèce, à Rome, passant avec le courant de la civilisation de l'Orient vers l'Occident, puis le sceptre fut aux bysantins, aux musulmans et il demeura aux chrétiens. A l'époque actuelle, l'Europe chrétienne a conservé cette place d'honneur malgré toutes ces vicissitudes ; elle ne la gardera pas seule peut-être, elle la perdra si les principales puissances européennes, au lieu d'unir leurs forces et leurs qualités, s'épuisent à se combattre, laissant le champ libre aux puissances anglo-américaines.

Certes, les progrès matériels ne sont pas tout pour une société, ils ne donnent que des moyens d'affranchir les hommes de la vie animale et des maux physiques ; au-dessus de ces progrès extérieurs, objectifs, qui élèvent le niveau de la fortune humaine et de la puissance humaine, il y a des progrès plus profonds à obtenir, ceux qui atteignent la nature intime de l'homme, ceux qui élèvent le niveau de son âme, ceux qui étendent le rayonnement de son cœur, progrès internes et subjectifs de l'être pensant lui-même, progrès moral, progrès religieux, et progrès intellectuel. Au-dessus de la vitalité matérielle de la société, il y a sa vitalité spirituelle grâce à laquelle elle se montre durable et bonne ; et comme la vitalité physique d'une société croît avec la solidité des constitutions de ses enfants, la vitalité spirituelle d'une société croît avec la solidité des caractères, avec la franchise des mœurs, avec la bonne foi dans toutes les relations sociales, avec la générosité fraternelle, enfin avec l'élévation morale des âmes.

Introduire dans l'éducation une hygiène de l'esprit relative à tout ce qui s'écrit, se dit, et se fait, former des caractères solidement trempés, qui se montrent supérieurs par la volonté, par la discipline, par la constance, par le désintéressement, par la franchise, voilà ce que réclame le vrai progrès ; et il faut dire aujourd'hui, en passant, à l'éloge de notre armée, qu'elle a compris et déjà joué ce rôle, le grand rôle de former des hommes. Si les Français sont les fils des Francs, qu'ils continuent de mériter toujours le beau qualificatif de *franc*, que jamais donc ils ne supportent les détours, les intrigues basses et les voies corrompues des hommes sans patrie qui les déshonorent. Grande et respectable famille, dont mille plus petites font partie, famille noble jalouse de son honneur, la patrie ne peut demeurer une famille sociale intacte qu'en rejetant de son sein tous les sujets faux et indignes.

Toutes les nations, nobles aussi, représentent des familles de cette sorte, qui sont voisines, qui sont alliées naturellement, unies par le sang, qui sont pour cela destinées à vivre dans les meilleurs rapports, et elles se découvrent appelées à se fondre de plus en plus par des liens nombreux qui réaliseront la véritable humanité. Faire tomber les barrières surannées qui isolent les nations sœurs, établir pour elles une morale unique, c'est rapprocher les patries distinctes, c'est les mettre dans une plus grande, ce n'est point les supprimer.

* * *

Vers ce rapprochement humanitaire, peut-être qu'un

grand pas serait fait par une ligue universelle de la bonne presse ; quelle voix en effet serait plus fréquente et plus répandue, plus pénétrante et plus puissante, plus pratique et plus écoutée, pour solliciter et obtenir l'entente sur une foule de questions qui sont d'intérêt international, c'est-à-dire de très grand intérêt général, qui ne réclament cependant pour leurs solutions que de l'initiative, que du temps et de l'argent ?

A mille projets de petites ententes pratiques, qui rapporteraient insensiblement les plus grands fruits, l'entente scientifique doit servir d'excellent exemple. Ensuite, tous les chefs d'Etats ont de grandes voix. Surtout, le chef de la chrétienté, quoiqu'il ne soit plus que le chef d'un Etat purement spirituel, et pour cette raison même, dispose d'une autorité morale incontestable, jusque sur les souverains, d'une autorité sur laquelle on peut compter, qui sera certainement d'un très fort poids pour préparer l'unité sociale des peuples.

On trouverait d'autres moyens de rapprochement, qui soulèvent encore des difficultés en apparence énormes, qui ont été imaginés d'ailleurs ; telle est l'adoption d'une langue universelle, telle est la suppression des douanes aux frontières ; et pourtant ces propositions qui paraissent insolubles à appliquer en grand, ont été résolues à la longue en petit entre les anciennes provinces, qui d'une part, se sont bien accoutumées à une seule langue nationale, qui, d'autre part, ont bien reporté les douanes aux octrois des villes.

Puisse la faible voix d'un philosophe sans autorité en exciter de plus hautes !

*
* *

Si prématuré qu'il soit de dire, comment l'unification sociale pourra se faire en tout le monde civilisé, avec le renouvellement opportun des relations plus mutipliées et plus enchaînées, nous l'avons essayé. La constitution de l'humanité future en une sorte d'unité vivante, bien qu'elle soit en germe, n'est pas d'ores et déjà viable, elle n'offre encore qu'un espoir d'une assez vague probabilité, elle reste terrestrement subordonnée en tout cas à une longue ère de paix sans menaces de guerres très sérieuses, à une éducation pour la paix qui peut réclamer encore des siècles, qui est peut-être la dernière éducation de l'humanité actuelle de la terre.

Qu'après la nuit des âges primitifs, qu'après l'aurore, teinte de sang, des civilisations plus ou moins guerrières, le soleil radiant de la raison se lève, éblouissant, sans nuage, pour l'humanité assagie, organisée enfin en une seule harmonieuse société, cela est désirable, cela reste à devenir, et cela tend à être par les efforts moraux de tous les peuples, c'est-à-dire par les efforts consciencieux de tous les hommes.

Le voyez-vous, ce hardi aventurier, cet explorateur qui chemine avec tant de peines dans le désert, les vêtements en haillons, à travers de quotidiens obstacles ; intrépide il atteindra à force de volonté, à force de persévérance, à force de courage, la terre enchantée, où l'attend un palais mystérieux, où héritier royal, il revêtira de magnifiques vêtements, où il retrouvera la santé en un refleurissement de jeunesse, où il jouira d'une prospérité, plus grande comme plus estimée, que celle qu'il a perdue jadis.

Telle chemine l'humanité présente dans le désert d'une vie mortelle, telle l'humanité marche à travers la route céleste du temps et de l'espace, ayant pour coursier la terre, n'étant qu'une colonie errrante vers le but éternel, une colonie naissante de la société universelle des esprits, mais contenant déjà le germe d'une cité future du monde spirituel ; telle l'humanité progresse vers quelque état transcendant qui l'élèvera au-dessus même du monde sensible, vers un âge heureux qui sera son règne stable, dans lequel les âmes muries, achevées, se rajeuniront en des corps nouveaux sur une terre nouvelle.... Mais laissons dire le dernier mot aux poètes.

Soulever le voile de l'humanité future immortelle, en trouver dans le ciel des idées le mirage annonciateur, c'est l'esthétique et suprême pensée sociale, consolante pensée, sur laquelle la sociologie se ferme.

Pour la sociologie, dont toutes ces vues, théoriques, ou pratiques, ou idéales, ou esthétiques, ressortent, le meilleur vœu qu'il convienne de former est que, rendant possible par ses moyens, par ses projets et par ses orientations, la réalisation des lointaines et fuyantes espérances, qui ont été l'idéal invincible de près de trois cent générations, que tirant, comme du rêve ailé, les idées d'un nouvel âge d'or, que faisant descendre les idées pures de leurs trônes élyséens pour établir leur règne dans la réalité même de la terre, la sociologie soit le plus beau terme de la philosophie : une raison des choses humaines et une science logique de la vie sociale, une science éminemment pratique, éminemment morale, éminemment active, et l'on peut ajouter aussi, qu'elle soit *une conscience d'humanité*, qui contribue le plus puissamment à la concorde universelle, à l'union féconde des hommes de toutes classes et de toutes nationalités, à l'heureux progrès de la société terrestre en cette union.

Paris, le 1ᵉʳ juin, 1899.

FIN

VUES CONTEMPORAINES
DE SOCIOLOGIE ET DE MORALE SOCIALE

TABLE DES MATIÈRES

Avant-propos. — Conception ontologique, qui doit servir de clef à cet ouvrage I

Chapitre premier. — Des fondements de la sociologie.

	Pages
I. Les problèmes sociologiques ; aspects, définitions et divisions de la sociologie générale..	1
II. Vie sociale ; notion de société...............	9
III. Activités sociales et appétitions sociales......	16
IV. La société est un réseau d'idées vivantes.....	20
V. Intégration des idées et des actes en fonctions ; des fonctions sociales et du fonctionnisme social	23
VI. Fonctions vitales de la société, nature du fonctionnisme social, sa différence avec la nature de l'organisme.............................	28
VII. Responsabilité des êtres sociaux dans leurs fonctions......................................	35
VIII. Des actes et des faits sociaux ; volontés humaines et volontés supérieures...............	36
IX. Les phénomènes sociaux correspondent à des fonctions sociales ; la société équivaut à un enchaînement de fonctions solidaires.......	41
X. Des principes et des lois sociologiques.......	45
XI. Lois d'influence des idées et des esprits, par analogie, par sympathie et par antipathie...	48
XII. Lois de propagation des phénomènes sociaux.	51
XIII. Assimilation, organisation et progression sociales	53
XIV. Loi d'organisation idéative de l'esprit en société et des unités sociales...................	54

XV.	Germes psychiques des phénomènes sociaux et des autres phénomènes naturels..........	56
XVI.	Loi sommaire de progressivité ; subordination du progrès à l'idée et à l'expérience de l'idée...	58
XVII.	Loi approximative du progrès des systèmes sociaux ; proportion du progrès ; facteurs du progrès ; durée d'une société..............	59
XVIII.	Enoncé des principes qui sont nécessaires pour fonder une vie sociale, qui soit stable, élevée, progressive, et durable...............	61

CHAPITRE II. — MORALE SOCIALE : L'INDIVIDU ET LA FAMILLE.

I.	L'équilibre social est un équilibre moral.....	63
II.	Formules d'équilibre social ; divisions de la morale sociale par les relations entre les unités sociales.............................	67
III.	De l'individu, équilibre individuel............	73
IV.	Du rôle social de l'individu, du concours de la nature................................	80
V.	De l'égoïsme et de la charité................	84
VI.	Charité par le travail......................	85
VII.	Du suicide................................	89
VIII.	De la famille.............................	92
IX.	De l'enfance..............................	95
X.	Des relations mutuelles dans la famille ou des fonctions familiales....................	98

CHAPITRE III. — MORALE SOCIALE : DE L'ÉTAT OU DE LA SOCIÉTÉ CIVILE.

I.	L'équilibre de la cité......................	106
II.	Des cités modernes........................	109
III.	Relations et fonctions sociales dans la cité, leurs proportions relatives................	114

- IV. De l'Etat et de la cité capitale ....
- V. De la fonction de l'Etat. Généralités, unité et décentralisation, harmonie, coopération administrative, liberté, hiérarchie, idéal de justice, rôle moral de l'Etat, son autorité, son droit, et ses devoirs................ 119
- VI. De l'Etat et de la société. Gérance intérieure de l'Etat, doctrines diverses. Communisme et socialisme. Solidarité humaine........... 124
- VII. De l'équilibre des volontés sociales. Volonté parfaite comme idéal.................. 133

143

Chapitre IV. — Morale politique : du gouvernement de l'État.

- I. Des principes contenus dans l'idée de gouvernement. Principes résumés, sept principes généraux..................... 152
- II. Système de gouvernement. Libertés du chef d'Etat et des ministres. Des responsabilités quant aux réformes administratives ; de l'usurpation parlementaire............... 161
- III. Election des parlementaires ; que le principe de la division du travail doit être appliqué pour le recrutement comme pour l'organisation des chambres législatives. Extrait de la Constitution belge de 1893.............. 168
- IV. Equilibre des pouvoirs 174
- V. Centralisation et décentralisation............ 180
- VI. Droit social, liberté et égalité............... 184
- VII. Egalité politique et qualité politique......... 189
- VIII. Pouvoir social et pouvoir religieux.......... 197

Chapitre V. — Morale économique : du travail producteur.

- I. Le travail, forme productrice de l'activité sociale............................. 205

II. But du travail et relations du travail......... 209
　III. Amélioration de la vie de l'ouvrier........... 217
　IV. Participation sociale ; des impôts............ 222
　V. Impôts à établir sur les manifestations du luxe. 231
　VI. Economies de perception et d'administration. 224
　VII. Emploi des économies : Organisation de la propriété inaliénable....................... 236

CHAPITRE VI. — MORALE INTERNATIONALE ET HUMANITAIRE.

　I. De la guerre, comment peut-on l'empêcher ? comment sera-t-elle empêchée par le progrès économique ?........................ 239
　II. Troubles sociaux intérieurs, qui sont des causes internationales de guerre............. 245
　III. Progrès et espérances de l'humanité. Evolution industrielle, progrès matériel, progrès moral, rapprochement des peuples, humanité future................................ 248-264

Laval. — Imprimerie parisienne L. BARNÉOUD & Cⁱᵉ.

www.ingramcontent.com/pod-product-compliance
Lightning Source LLC
Chambersburg PA
CBHW050330170426
43200CB00009BA/1528